Alkoholabhängigkeit

Fortschritte der Psychotherapie
Manuale für die Praxis

herausgegeben von
Prof. Dr. Dietmar Schulte, Prof. Dr. Klaus Grawe
Prof. Dr. Kurt Hahlweg, Prof. Dr. Dieter Vaitl

Band 6

Alkoholabhängigkeit

von

Johannes Lindenmeyer

Hogrefe · Verlag für Psychologie
Göttingen · Bern · Toronto · Seattle

Alkoholabhängigkeit

von

Johannes Lindenmeyer

Hogrefe · Verlag für Psychologie
Göttingen · Bern · Toronto · Seattle

Dr. rer. nat. Dipl.-Psych. Johannes Lindenmeyer, geb. 1954. 1974-1981 Studium der Psychologie in Heidelberg. 1996 Promotion. Seit 1981 in der Behandlung von Alkohol- und Medikamentenabhängigen und seit 1986 als Trainer und Supervisor an verschiedenen Ausbildungsinstituten für Verhaltenstherapie tätig. Seit 1996 Direktor der Salus-Klinik Lindow.

Die Deutsche Bibliothek - CIP-Einheitsaufnahme

Lindenmeyer, Johannes:
Alkoholabhängigkeit / von Johannes Lindenmeyer. - Göttingen ; Bern ; Toronto ; Seattle : Hogrefe, Verl. für Psychologie, 1999
(Fortschritte der Psychotherapie ; Bd. 6)
ISBN 3-8017-1159-5

© by Hogrefe-Verlag, Göttingen • Bern • Toronto • Seattle 1999
Rohnsweg 25, D-37085 Göttingen

Satz: Beate Hautsch, Göttingen
Druck: Dieterichsche Universitätsbuchdruckerei
W. Fr. Kaestner GmbH & Co. KG, D-37124 Rosdorf/ Göttingen
Printed in Germany
Auf säurefreiem Papier gedruckt

ISBN 3-8017-1159-5

Inhaltsverzeichnis

Karten:

Hinweise für Erstkontakt

Indikationsfragen

Rückmeldung der Diagnostikergebnisse / Vermittlung
der Indikationsentscheidung

Die Zwei-Phasen-Wirkung des Alkohols

Struktur von Einzel- und Gruppentherapiesitzungen

Umgang mit rückfälligen Patienten

VIII

Einführung

Eine Alkoholabhängigkeit ist nicht nur eine ernsthafte psychische Störung, sie beinhaltet in der Regel schwerwiegende medizinische, berufliche und soziale Probleme. Von daher stehen die medizinische Versorgung sowie gezielte Maßnahmen zur beruflichen und sozialen Rehabilitation in der Behandlung von Alkoholabhängigen oft im Vordergrund. Wenn sich im folgenden die Darstellung in diesem Buch trotzdem auf die psychotherapeutische Behandlung von Alkoholabhängigen beschränken muß, so geschieht dies in dem Bewußtsein, daß Psychotherapie bei dieser Klientel nur im Zusammenwirken eines interdisziplinären Behandlungsansatzes erfolgreich sein kann.

1 Beschreibung der Störung[1]

Erstmals wurde Alkoholismus im Jahre 1774 von dem amerikanischen Arzt Benjamin Rush als „Krankheit des Willens" beschrieben und damit überhaupt zum Gegenstand medizinisch-psychologischer Betrachtung und Behandlung gemacht. Zuvor waren Alkoholprobleme über Jahrhunderte als Laster bzw. Teufelswerk moralisch verurteilt und die Betroffenen lebenslang in Asylen gemeinsam mit Irren und Verbrechern von der Gesellschaft ausgesondert worden. Das heutigen Behandlungsansätzen zugrundeliegende Krankheitsmodell der Alkoholabhängigkeit wurde 1942 durch E. M. Jellinek entwickelt. Seither werden viele Begriffe synonym für Alkoholabhängigkeit verwendet: Trunksucht, Alkoholismus, chronischer Alkoholismus, Alkoholabusus, Alkoholkrankheit.

„Krankheit des Willens"

Jellinek: Bis heute gültiges Krankheitsmodell

Bis heute ist eine ambivalente Einstellung in der Allgemeinbevölkerung und in der Fachwelt gegenüber Alkoholproblemen zu verzeichnen: Einerseits ist Alkoholabhängigkeit seit 1968 gesetzlich als Krankheit anerkannt, wodurch ein Behandlungsanspruch der Betroffenen begründet ist. Andererseits werden Alkoholprobleme weiterhin als schuldhaftes Fehlverhalten

---

1 Um die Lesbarkeit des Textes zu verbessern, wurde das Literaturverzeichnis bewußt kurz gehalten. Ausführliche Literaturverweise finden sich in den in der Literaturempfehlung des Anhangs aufgeführten Nachschlagewerken. Patientin/Patient und Therapeutin/Therapeut werden synonym gebraucht.

angesehen und Alkoholabhängige beispielsweise für ihren Rückfall auch juristisch zur Verantwortung gezogen. Das Bild von Alkoholkranken in der Bevölkerung ist bis heute negativ.

Bei einer Alkoholabhängigkeit handelt es sich nicht um ein einheitliches Phänomen, vielmehr können im Verlauf einer Abhängigkeitsentwicklung ganz unterschiedliches Trinkverhalten sowie eine Vielfalt von körperlichen, sozialen und psychischen Folgeschäden das klinische Bild dominieren und jeweils spezifische Behandlungsangebote erforderlich machen.

Vielfalt von Folgeschäden einer Alkoholabhängigkeit

Trinkverhalten	Körperliche Folgeschäden	Soziale Folgeschäden	Psychische Folgeschäden
Häufige Räusche	Entzugserscheinungen	Partnerschaftskonflikte	Aggressive Entgleisungen
Dosissteigerung	Krampfanfälle	Trennung/Scheidung	Verringertes Selbstwertgefühl
Toleranzsteigerung	Erhöhtes Krebsrisiko	Schulden	Selektive Wahrnehmung
Toleranzminderung	Verstärkte Infektanfälligkeit	Konflikte am Arbeitsplatz	Distanzlosigkeit
Alkoholvergiftung	Sexuelle Funktionsstörungen	Arbeitsplatzverlust	Gefühlsschwankungen
Spiegeltrinken	Gelenkschmerzen	Verlust der Fahrerlaubnis	Konzentrationsschwierigkeiten
Morgendliches Trinken	Leberzirrhose	Straftaten	Gedächtnisstörungen
Umsteigen auf harte Alkoholika	Pankreatitis	Wohnungsverlust	Depression
Heimliches Trinken	Kardiomyopathie	Verwahrlosung	Delirium tremens
Trinken in Gesellschaft unter Niveau	Bluthochdruck	Rückzug von Freunden	Alkoholhalluzinose
Periodisches Trinken	Polyneuropathie	Haftstrafen	Suizidalität
Erfolglose Abstinenzversuche	Traumen		Soziale Ängste
Wiederholte Entgiftungsbehandlung	Fettleber		Eifersucht
Erfolglose Entwöhnungsbehandlung	Mangelernährung		
	Anämie		
	Gastritis		
	Knochenbrüche		

1.1 Bezeichnung und Definition nach ICD-10

In der Bundesrepublik Deutschland wird nach der „Internationalen Klassifikation psychischer Störungen" (ICD) der Weltgesundheitsorganisation diagnostiziert, die in der 10. Revision erschienen ist (Dilling et al., 1993). Danach werden 10 verschiedene alkoholbedingte Syndrome unterschieden. Diese sind zwar nicht gleichwertig, können aber durchaus nebeneinander klassifiziert werden:

2

Alkoholbedingte Syndrome nach ICD-10
F 10.0   Intoxikation (aktueller Rauschzustand)
F 10.1   Schädlicher Gebrauch
F 10.2   Abhängigkeitssyndrom
F 10.3   Entzugssyndrom (z.B. Tremor, Schweißausbrüche, Angst)
F 10.4   Entzugssyndrom mit Delir
F 10.5   Psychotische Störung (z.B. Alkoholhalluzinose, alkoholische Paranoia)
F 10.6   Alkoholbedingtes amnestisches Syndrom (z.B. Korsakow-Syndrom)
F 10.7   Alkoholbedingter Restzustand (z.B. auch nach Abstinenz anhaltende Persönlichkeits- oder Verhaltensstörung)
F 10.8   Andere alkoholbedingte psychische Verhaltensstörungen
F 10.9   Nicht näher bezeichnete alkoholbedingte psychische Verhaltensstörungen

Es können so viele Syndrome benannt werden, wie zur Beschreibung eines Patienten notwendig sind. Für die Diagnose einer Alkoholabhängigkeit sind nach ICD-10 folgende Kriterien notwendig:

Diagnosekriterien des Abhängigkeitssyndroms (F10.2) nach ICD-10

Zumindest 3 der folgenden Kriterien waren innerhalb des letzten Jahres gleichzeitig vorhanden:

1) Starker Wunsch oder eine Art Zwang, Alkohol zu konsumieren.

2) Verminderte Kontrollfähigkeit bezüglich des Beginns, der Beendigung und der Menge des Konsums.

3) Körperliches Entzugssyndrom bei Beendigung oder Reduktion des Konsums, nachgewiesen durch die substanzspezifischen Entzugssymptome oder durch die Einnahme von Alkohol oder einer nahe verwandten Substanz, um Entzugssymptome zu mildern oder zu vermeiden.

4) Nachweis einer Toleranz: Um die ursprünglich durch geringere Alkoholmengen erreichten Wirkungen hervorzurufen sind größere Alkoholmengen erforderlich (eindeutige Beispiele hierfür sind die Tagesdosen von Alkoholikern, die bei Konsumenten ohne Toleranzentwick-

lung zu einer schweren Beeinträchtigung oder sogar zum Tode führen würden).

5) Fortschreitende Vernachlässigung anderer Vergnügen oder Interessen zugunsten des Alkoholkonsums, erhöhter Zeitaufwand, um Alkohol zu beschaffen, zu konsumieren oder sich von den Folgen zu erholen.

6) Anhaltender Alkoholkonsum trotz Nachweises eindeutiger schädlicher Folgen, wie z.B. Leberschädigung oder Verschlechterung kognitiver Funktionen.

Die fünfte Stelle dient der weiteren Unterteilung des Alkoholabhängigkeitssyndroms:

F 1020 gegenwärtig abstinent

F 1021 gegenwärtig abstinent, aber in beschützter Umgebung

F 1023 gegenwärtig abstinent, aber in Behandlung mit aversiven oder hemmenden Medikamenten (z.B. Antabus oder Disulfiram)

F 1024 gegenwärtiger Alkoholkonsum

F 1025 ständiger Alkoholkonsum

F 1026 episodischer Alkoholkonsum

International wird die Diagnose einer Alkoholabhängigkeit häufig mit Hilfe des „Diagnostischen und Statistischen Manuals psychischer Störungen" gestellt (Saß et al., 1996). Die Kriterien für Alkoholabhängigkeit nach DSM-IV entsprechen größtenteils denen des ICD-10. Allerdings ergab sich in Vergleichsstudien bei Verwendung des ICD-10 zum Teil eine erheblich höhere Prävalenzrate in ein und derselben Population als bei Verwendung des DSM-IV (Caetano & Tam, 1995).

DSM-IV *(Randnotiz)*

Für den klinischen Alltag ist die Heterogenität der Diagnosekriterien nach ICD-10 bzw. DSM-IV nur wenig befriedigend. Hier kann als einfacher zu handhabende Faustregel gelten:

Kurz-definition von Alkohol-abhängig-keit *(Randnotiz)*

Alkoholabhängig ist entweder,

wer den Konsum von Alkohol nicht beenden kann, ohne daß unangenehme Zustände körperlicher oder psychischer Art eintreten,

oder,

wer nicht aufhören kann zu trinken, obwohl er sich oder anderen immer wieder schweren Schaden zufügt.

4

1.2 Typen von Alkoholabhängigkeit

Immer wieder wurden angesichts der Vielfalt von Alkoholproblemen Versuche unternommen, verschiedene Typen der Alkoholabhängigkeit zu unterscheiden. Obwohl alle bislang vorgelegten Typologien empirisch nicht befriedigend gesichert sind, sind zumindest die folgenden 2 Einteilungen im klinischen Alltag durchaus geeignet, die Beschreibung der spezifischen Problematik eines Alkoholabhängigen im Einzelfall zu erleichtern.

Vier Formen von Trinkverhalten bei Alkoholabhängigen

In Anlehnung an die bekannte Typologie von Jellinek lassen sich folgende vier Formen einer Alkoholabhängigkeit unterscheiden:

– *Konflikttrinken* (Alpha-Trinker): Die Abhängigkeit besteht darin, daß der Betroffene in ganz bestimmten Situationen zu Alkohol greift, da er über keine anderen Lösungs- oder Bewältigungsmöglichkeiten verfügt.

Konflikttrinken

– *Rauschtrinken* (Gamma-Trinker): Die Abhängigkeit besteht darin, daß der Betroffene es trotz bester Vorsätze nicht schafft, lediglich kleinere Mengen Alkohol zu trinken. Vielmehr endet sein Trinken meist in mehr oder weniger starkem Rausch (sog. „Kontrollverlust").

Rauschtrinken

– *Spiegeltrinken* (Delta-Trinker): Die Abhängigkeit besteht darin, daß der Betroffene über den Tag verteilt regelmäßig Alkohol trinkt, um die Alkoholkonzentration im Blut nie unter einen bestimmten „Spiegel" sinken zu lassen, da sonst unangenehme Entzugserscheinungen auftreten.

Spiegeltrinken

– *Periodisches Trinken* (Epsilon-Trinker): Die Abhängigkeit besteht darin, daß der Betroffene trotz zwischenzeitlicher Abstinenz (bzw. unauffälligem Alkoholkonsum) immer wieder Phasen eines heftigen und unkontrollierten Alkoholkonsums hat. Dem Betroffenen sind oft keinerlei Anlaß oder Auslöser hierfür bewußt, weswegen er sog. „magisches" oder abergläubisches Denken zur Erklärung der Trinkphasen entwickelt.

Periodisches Trinken

Zwei Typen von Alkoholabhängigkeit

Die ursprünglich von Cloninger (1981) vorgelegte Unterscheidung von Typ A und Typ B Alkoholabhängigen konnte in einer Reihe von clusteranalytischen Untersuchungen bestätigt werden. Außerdem ließ sich ein Bezug zwischen dieser Unterscheidung und neurophysiologischen Alkoholismusmodellen herstellen.

5

– *Typ A Alkoholismus:* Neurotischer Subtyp mit weniger Risikofakto-
ren in der Kindheit, späterem Beginn, weniger schweren Abhängig-
keitssymptomen und weniger psychopathologischen und alkoholbezogenen Problemen. Hauptziel des Trinkens ist die Angstminderung.

– *Typ B Alkoholismus:* Psychopathischer Subtyp mit verstärkten Risi-
kofaktoren in der Kindheit, familiär gehäuftem Alkoholismus, frü-
hem Beginn alkoholbezogener Probleme, schweren Abhängigkeits-
symptomen und einer Vielzahl psychopathologischer und alkoholbezogener Probleme. Häufig gleichzeitiger Konsum von mehreren
Suchtmitteln.

1.3 Epidemiologische Daten

Alkoholabhängigkeit stellt in den westlichen Industrienationen bei Männern die häufigste psychische Erkrankung und bei Frauen nach Angststö-
rungen die zweithäufigste psychische Erkrankung dar (Wittchen et al.,
1992). Nach einer repräsentativen Studie im Auftrag des Bundesministeri-
ums für Gesundheit (Kraus & Bauernfeind, 1998) sind etwa 3% der erwachsenen Bevölkerung über 18 Jahren (1,5 Millionen) als alkoholabhängig und weitere 5 % (2,4 Millionen) als Alkoholmißbraucher einzustufen.
Wegen der wahrscheinlichen Verleugnungstendenz der Befragten könnte
die tatsächliche Zahl der Alkoholabhängigen höher liegen. Statistische
Hochrechnungen aus dem jährlichem Alkoholkonsum pro Kopf in der Bundesrepublik ergaben einen Anteil von 5% (3,2 Millionen) stark Alkoholgefährdeten. Andere Studien ermittelten eine Lebenszeitprävalenz für Alkoholismus in Deutschland von 13% (Wittchen et al., 1992), die bei Männern
etwa vier mal so hoch liegt wie bei Frauen.

1.5
Millionen
Alkohol-
abhängige

2.4 Alko-
holmiß-
braucher

13%
Lebens-
zeitprä-
valenz

Insgesamt besteht in der Bundesrepublik mit 10,7 Liter reinem Alkohol pro
Kopf pro Jahr (das sind etwa 131 Liter Bier, 23 Liter Wein bzw. Sekt sowie
6 Liter Spirituosen) ein hoher und weitverbreiteter Alkoholkonsum (Breitenbach, 1998). Bezieht man diesen Jahresverbrauch auf die über 15-jähri-
gen Einwohner, so ergibt sich rein rechnerisch ein Alkoholkonsum von etwa
34 g pro Tag. Lediglich 5-10% der Erwachsenenbevölkerung trinken überhaupt keinen Alkohol. Allerdings trinken Männer im Schnitt etwa dreimal
so viel Alkohol wie Frauen. Einen starken Alkoholkonsum mit durchschnittlich mehr als 40 bzw. 20 Gramm Alkohol pro Tag weisen 15,2% der Männer und 8,4% der Frauen auf (Kraus & Bauernfeind, 1998). Hinsichtlich
der Trinkmenge und des bevorzugten alkoholischen Getränks bestehen regionale Unterschiede: In den neuen Bundesländern zeigt sich insgesamt
ein höherer Alkoholkonsum als in den alten Bundesländern. Im Süden
Deutschlands sind Wein und Bier vorherrschend, der Konsum von Spirituosen insbesondere Schnaps ist stärker im Norden Deutschlands verbrei-

hoher
Alkohol-
konsum in
der Bevöl-
kerung

5-10% der
Bevölke-
rung
abstinent

Regionale
Unter-
schiede

tet. Zu beachten ist hierbei allerdings, daß 50% des Alkohols von nur 7% der Bevölkerung getrunken werden.

In repräsentativen Untersuchungen war kein Anstieg des Jugendalkoholismus zu verzeichnen. Ebensowenig konnte eine Häufung von Alkoholproblemen in Abhängigkeit der sozialen Schicht festgestellt werden. Dagegen konnte bei Personen über 60 Jahren ein Rückgang des Alkoholkonsums beobachtet werden, verbunden mit einer Zunahme des Anteils an abstinentlebenden Personen. Eine besondere Häufung von Alkoholabhängigen (7-19%) findet sich bei Patienten in Krankenhäusern (John et al., 1996) (v.a. in Psychiatrischen Einrichtungen, Abteilungen für Innere Medizin und traumatologischen Abteilungen).

Kein Anstieg von Jugend-Alkoholismus

Alkoholabhängige unter Patienten in Krankenhäusern besonders häufig

1.4 Verlauf und Prognose

Verlaufsstudien zeigen eine Vielzahl von schweren körperlichen und sozialen Folgeschäden im Verlauf einer Alkoholabhängigkeit. Insgesamt sterben jährlich ca. 70 000 Menschen in Deutschland an den Folgen ihres Alkoholkonsums. Die Mortalitätsraten bei Alkoholabhängigen schwanken in den verschiedenen Untersuchungen zwischen 7,6% und 18% innerhalb eines Zeitraums von 4 Jahren. Bezogen auf entsprechende Altersgruppen haben Alkoholabhängige damit eine Übersterblichkeit von Faktor 4-8 (Feuerlein et al., 1998).

Jährlich 70.000 Tote durch Alkoholkonsum

Allerdings hat sich die Vorstellung von Alkoholabhängigkeit als einer einheitlich verlaufenden, chronisch-progredienten, schließlich zum Tode und zu sozialem Abstieg führenden Erkrankung als falsch erwiesen. In verschiedenen unselegierten Langzeitstudien mit einer Beobachtungszeit von bis zu 40 Jahren konnten dagegen vielfältige Verlaufsformen bei Alkoholabhängigen festgestellt werden.

Kein einheitlicher Krankheitsverlauf

Jugendlicher Alkoholismus ist durch eine kurze Entwicklungszeit von 2-3 Jahren charakterisiert, während bei alkoholabhängigen Erwachsenen im Durchschnitt eine Entwicklung von ca. 10-12 Jahren zu beobachten ist. In Verlaufsstudien konnte übereinstimmend gezeigt werden, daß Personen, die im Untersuchungszeitraum geheiratet haben, ihren durchschnittlichen Alkoholkonsum unabhängig von Alter und Geschlecht reduziert haben. Der Beginn von Arbeitslosigkeit führte dagegen nur bei jüngeren Männern zu verstärktem Alkoholkonsum.

Neben einer progredienten Verschlechterung sind im Verlauf einer Abhängigkeitsentwicklung auch ein Pendeln zwischen schweren Trinkphasen und kontrolliertem Alkoholkonsum bzw. Abstinenz und Spontanremission möglich:

3 typische Verlaufsformen

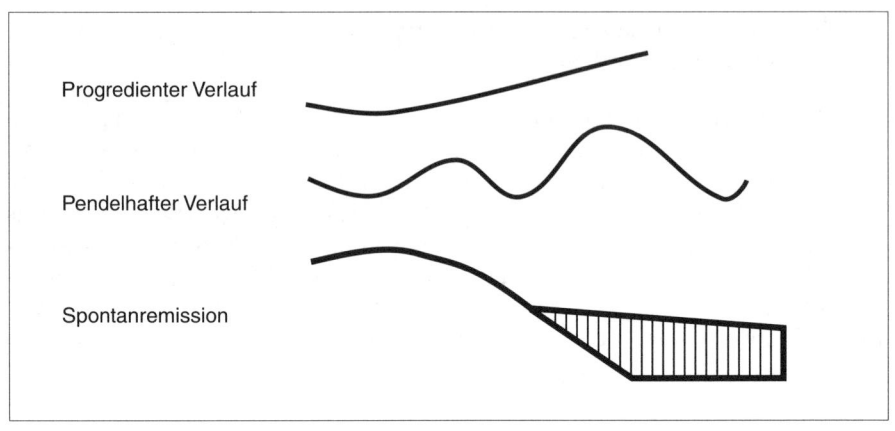

Abbildung 1:
Mögliche Verlaufsformen einer Alkoholabhängigkeit

20% Spontan-remission

Es gibt nur wenig empirische Untersuchungen zur Spontanremission, da es schwierig ist, eine Gruppe unbehandelter Alkoholabhängiger aufzufinden. In Übersichtsarbeiten wird die Spontanremissionsrate als Jahresprävalenz auf 20% geschätzt. Die Zahl der dauerhaft abstinenten Personen wird aber sicherlich deutlich niedriger liegen. Umstritten sind hierbei die Kriterien für eine Remission. In den angelsächsischen Ländern wird im Unterschied zu Deutschland die Ansicht vertreten, daß auch Alkoholabhängige wieder ein unauffälliges Trinkverhalten entwickeln können. In Studien wird der Anteil mit 3-11% angegeben.

ineffektive Nutzung des Gesund-heits-wesens

nur 1% aller Alkohol-abhängigen in Ent-wöhnungs-behandlung

Für den Verlauf einer Alkoholabhängigkeit ist bestimmend, daß die Betroffenen das Gesundheitswesen in ineffektiver Weise nutzen: Etwa 70% aller Alkoholabhängigen haben mindestens einmal im Jahr Kontakt zu einem Arzt, ohne daß dort die Alkoholabhängigkeit entdeckt bzw. angesprochen würde. Jährlich werden etwa 24% aller Alkoholiker in internistischen oder chirurgischen Kliniken aufgenommen. Dort gibt es aber meist keine spezifischen Angebote zur Suchtbehandlung. Nur etwa 2,5% aller Alkoholabhängigen kommen als Notfall in eine psychiatrische Klinik. Eine Entwöhnungsbehandlung treten lediglich etwa 1% aller Alkoholabhängigen an (Wienberg, 1992). Im Schnitt vergehen dadurch 6 Jahre, bis ein Alkoholabhängiger einer effektiven Behandlung zugeführt wird. Bei Frauen ist dieser Zeitraum auf durchschnittlich 4 Jahre verkürzt.

Katamnestische Studien zeigen, daß der Erfolg einer Entwöhnungsbehandlung nur unzureichend aus stabilen Persönlichkeitsmerkmalen oder sozialen Daten der behandelten Person vor Beginn der Behandlung prognostiziert werden kann. Vielmehr erwiesen sich die Ereignisse im Anschluß an eine Behandlung als entscheidend für den weiteren Verlauf. Vaillant (1996)

8

kommt in mehreren Längsschnittstudien zu dem Ergebnis, daß v.a. vier Faktoren zu einem Ausstieg aus der Sucht beitragen:

günstige Bedingungen für Suchtausstieg

- Ersatzabhängigkeiten (ohne Suchtmittel) z.B. Anschluß an eine religiöse Gemeinschaft
- Rituelle Erinnerungen an die Wichtigkeit der Abstinenz, z.B. regelmäßiger Besuch von Selbsthilfegruppen
- Soziale und medizinische Unterstützung, z.B. Reintegration zum Aufbau alkoholunabhängiger Gewohnheiten
- Wiederherstellung der Selbstachtung der Betroffenen

Als häufigste Auslösesituationen für einen Rückfall erwiesen sich in einer Vielzahl von Studien übereinstimmend:

typische Auslöser für einen Rückfall

- unangenehme Gefühlszustände (z.B. Langeweile, Einsamkeit, Angst, Depression)
- Ärger- und Konfliktsituationen (z.B. am Arbeitsplatz oder in der Familie)
- Soziale Verführung (z.B. wenn frühere Trinkkumpane zum Mittrinken auffordern)

Zusammenfassend muß gesagt werden, daß gesicherte prognostische Aussagen bei Alkoholabhängigen im Einzelfall bisher nicht möglich sind. Aus den bislang vorliegenden Verlaufsstudien läßt sich lediglich schlußfolgern, daß die individuelle Abstinenzchance eines Betroffenen offenbar am ehesten durch eine abstinenzförderliche Lebensumstellung und durch gezieltes Training im Umgang mit spezifischen Rückfallrisikosituationen erhöht werden kann.

keine gesicherte Prognose möglich

1.5 Differentialdiagnose

Bei einem Verdacht auf eine Alkoholabhängigkeit sind differentialdiagnostische Abwägungen von großer Bedeutung, da Probleme mit Alkohol auch die Folge anderer primärer Störungen sein können. Außerdem können alkoholbedingte körperliche, psychische oder soziale Folgeschäden derart gravierend sein, daß sie einer vorrangigen Behandlung bedürfen. Aus der Differentialdiagnostik ergeben sich somit Konsequenzen für die Behandlungsart, die Therapieziele und das erforderliche Ausmaß an Behandlung. Die Abklärung folgender drei Aspekte ist vorrangig:

Differentialdiagnose für Therapieziele und Ausmaß der Behandlung wichtig

1.5.1 Bestehen körperliche oder soziale Begleit- und Folgeerkrankungen, die einer vorrangigen Behandlung bedürfen?

körperliche und soziale Begleit- und Folgeerkrankungen beachten

Jeder Alkoholabhängige sollte vor Einleitung jedweder psychotherapeutischer Maßnahme immer einem Arzt vorgestellt werden, um die Notwendigkeit einer primären medizinischen Versorgung abzuklären. Zu achten ist hierbei insbesondere auf folgende Begleiterscheinungen einer Alkoholabhängigkeit:

Syndrom	Primäre Versorgung
Entzugserscheinungen	Entgiftungsbehandlung
Alkoholinduzierte Psychosen (z.B. Alkoholhalluzinose, alkoholischer Eifersuchtswahn, alkoholische Paranoia)	Überweisung in psychiatrische Behandlung
Schwerwiegende, körperlicher Probleme (z.B. dekompensierte Leberzirrhose, Blutzuckerentgleisungen, akute Bauchspeicheldrüsenentzündung)	Medizinische Versorgung
Akute Suizidalität	Überweisung in psychiatrische Behandlung

Ebenso bedarf es einer unmittelbaren Regelung schwerwiegender sozialer Probleme (z.B. drohende bzw. tatsächliche Obdachlosigkeit, Mittellosigkeit bzw. erhebliche Verschuldung, drohende Inhaftierung oder Verurteilung).

Harm-reduction bei akuten körperlichen oder sozialen Problemen

In all diesen Fällen ist die Sicherung des Überlebens, die Verhinderung schwerer körperlicher Folgeschäden bzw. die Verhinderung sozialer Desintegration im Sinne von „harm reduction" vorrangig vor der psychotherapeutischen Behandlung der Alkoholabhängigkeit (vgl. Abb. 2).

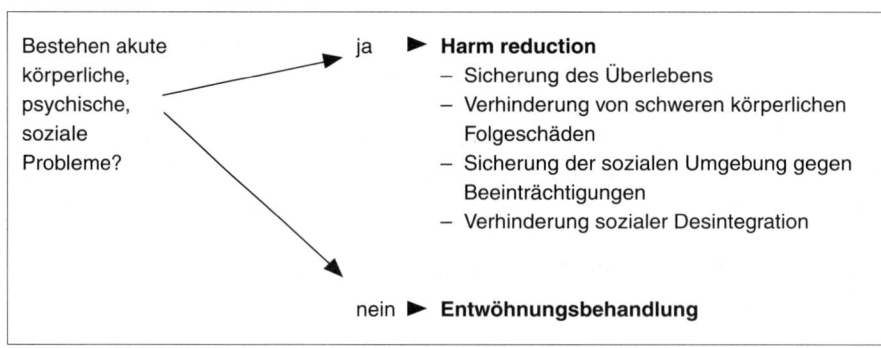

Abbildung 2:
Indikationsentscheidung nach Folgeschäden

1.5.2 Abgrenzung von Alkoholmißbrauch

In verschiedenen Studien konnte gezeigt werden, daß es über die Gruppe der Alkoholabhängigen hinaus eine viel größere Gruppe von Personen gibt, die erhebliche Alkoholprobleme aufweisen, ohne daß die Kriterien für eine Abhängigkeit erfüllt wurden. In Deutschland wird die Zahl der sog. „Alkoholgefährdeten" auf 2,4 Millionen geschätzt (Kraus & Bauernfeind, 1998).

Nach ICD-10 liegt ein schädlicher Gebrauch von Alkohol vor, wenn lediglich Schäden auf psychischem oder körperlichem Gebiet nachweisbar sind, aber keine Hinweise für eine Abhängigkeit gefunden werden können. Diese unscharfe Definition kann zu Schwierigkeiten in der Abgrenzung zu einer Abhängigkeit führen. Von daher erscheinen die ausführlicheren und präziseren Kriterien des DSM-IV geeigneter, um alkoholgefährdete Patienten rechtzeitig diagnostizieren zu können:

Diagnostische Kriterien für Alkoholmißbrauch nach DSM-IV
1. Eine Art des Alkoholkonsum, die zu einer Gesundheitsschädigung, einer sozialen Beeinträchtigung oder einer psychischen Störung führt, die gekennzeichnet ist durch das Auftreten von – wiederholtem Alkoholkonsum, der zu schwerwiegenden Beeinträchtigungen bei Arbeit, Haushalt oder Schule (gehäufte Abwesenheit, verminderte Leistungsfähigkeit, Vernachlässigung wesentlicher Interessen) führt, – wiederholtem Alkoholkonsum in Situationen, die mit besonderen Gefahren bei Alkoholkonsum verbunden sind (z.B. Autofahren, Arbeit an laufenden Maschinen), – wiederholten Problemen mit Polizei und Gesetz wegen durch Alkoholkonsum verursachter Vergehen, – fortgesetztem Alkoholkonsum trotz wiederholter sozialer oder interpersoneller Probleme, die durch den Alkoholkonsum verursacht werden. Die Diagnose sollte gestellt werden, wenn in den letzten 12 Monaten das Konsumverhalten zu einer dieser Folgen geführt hat. 2. Die Kriterien für eine Abhängigkeit sind noch nicht erfüllt.

Alkohol-mißbrauch

Diese Definition von Alkoholmißbrauch entspricht weitgehend dem im angelsächsischem Sprachraum weitverbreiteten Begriff des „problem drinkers", dessen Alkoholkonsum zu verschiedensten Problemen führt, der aber nicht etwa wegen Problemen trinkt.

„problem drinkers"

Umstritten ist die Frage, ob zwischen schädlichem Gebrauch von Alkohol und Alkoholabhängigkeit ein qualitativer Unterschied besteht oder ob damit unterschiedliche Schweregrade von Alkoholproblemen erfaßt werden.

spezifische Therapieziele bei Alkoholmißbrauch

Trotzdem ist eine entsprechende Differentialdiagnose für die Behandlung von Alkoholproblemen relevant, weil bei Alkoholmißbrauch Abstinenz kein unbedingt notwendiges, insbesondere aber kein realistisches Therapieziel darstellt. Statt dessen erscheinen hier folgende Therapieziele vorrangig:

– Aufklärung über langfristige Folgen des Alkoholkonsums und über die psychologischen und physiologischen Mechanismen einer Suchtentwicklung, um die Betroffenen für einen maßvolleren Umgang mit Alkohol zu motivieren.

– Ermittlung eines individuellen Risikoprofils zur Unterscheidung von problematischen bzw. weniger problematischen Trinksituationen und Trinkverhalten des Betroffenen.

– Entwicklung von individuellen Veränderungszielen hinsichtlich des künftigen Alkoholkonsums.

– Training und Erprobung von Bewältigungsfähigkeiten von problematischen Trinksituationen ohne Alkohol.

Allerdings liegen in Deutschland bislang noch kaum systematische Erfahrungen mit der Behandlung von Alkoholmißbrauch vor, so daß hierbei auf die empirisch überprüften Manuale von Sobell und Sobell (1993) sowie Marlatt (1998) zurückgegriffen muß.

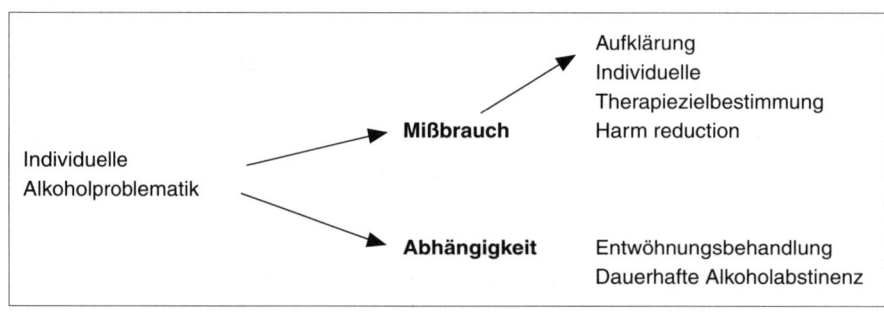

Abbildung 3:
Indikationsentscheidung nach Schwere der Alkoholproblematik

1.5.3 Sekundäre Alkoholabhängigkeit

In vielen Fällen kann die Entwicklung einer Alkoholabhängigkeit als Sekundärphänomen z.B. einer Angststörung, Depression oder Persönlichkeitsstörung angesehen werden. Die Einnahme von Alkohol stellt in diesem Zusammenhang ursprünglich einen verzweifelten Bewältigungsversuch der Betroffenen im Sinne einer Selbstmedikation dar, die kurzfristig durchaus zur Linderung der Primärsymptome beiträgt. Langfristig negative Auswirkungen des wiederholten Alkoholkonsums auf die Primärsymptome sowie körperliche Adaptionsprozesse (u.a. Toleranzsteigerung, körperliche Entzugserscheinungen) können aber auf Dauer die Entstehung einer Alkoholabhängigkeit begünstigten. **Alkohol als Selbstmedikation**

Die Differentialdiagnose einer sekundären Alkoholabhängigkeit zwingt zu einer besonders sorgfältigen Behandlungsplanung:

- Es ist in diesem Fall nicht ausreichend, die Behandlung ausschließlich auf eine Entwöhnungsbehandlung zu beschränken. Die ungelöste Primärstörung würde unweigerlich schnell wieder zum Rückfall führen. Außerdem wird sich der Betroffene nicht adäquat versorgt fühlen. **Probleme bei sekundärer Alkoholabhängigkeit**

- Als ebenso illusorisch erweist es sich aber auch, durch eine ausschließliche Behandlung der Primärerkrankung die sekundäre Alkoholabhängigkeit überwinden zu können. Nicht selten wird die Behandlung der Primärstörung immer wieder durch Alkoholexzesse in Frage gestellt. Zum einen können die Symptome der Primärstörung nicht so schnell beseitigt werden, daß der Betroffene auf Alkohol verzichten könnte, zum anderen hat sich die Alkoholabhängigkeit in der Regel weitgehend verselbständigt.

Erforderlich ist somit eine koordinierte Behandlung beider Störungen. Oftmals ist hierbei eine Kombination von stationärer und ambulanter Behandlung empfehlenswert:

- Der geschützte Rahmen einer stationären Behandlung kann zunächst eine kurzfristige Entlastung des Betroffenen von seiner primären Symptomatik bewirken und gleichzeitig den Suchtkreislauf durch räumlichen Abstand durchbrechen. Dies erleichtert die Erarbeitung und Durchführung erster Veränderungsschritte im weiteren Verlauf der Behandlung. **Kombinationsbehandlung bei sekundärer Alkoholabhängigkeit**

- Gegen Ende der stationären Behandlung muß der Schwerpunkt einer gezielten Rückfallprävention darauf gerichtet sein, den Betroffenen auf ein Leben mit immer wieder auftauchenden Symptomen der Primärstörung ohne Alkoholrückfall vorzubereiten.

- Eine ambulante Weiterbehandlung kann dann vorrangig die Primärstörung zum Gegenstand haben und den Betroffenen bei einer raschen Überwindung von eventuellen Alkoholrückfällen unterstützen.

13

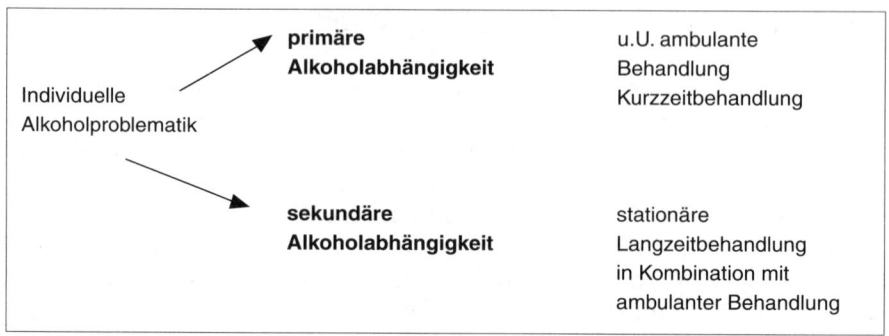

Abbildung 4:
Indikationsentscheidung nach Art der Alkoholproblematik

1.6 Komorbidität

Hohe Komorbiditätsrate

Zahlreiche Studien konnten zeigen, daß Alkoholabhängige eine Lifetime-Prävalenz zusätzlicher psychiatrischer Störungen in Höhe von 78-80% und eine aktuelle Prävalenz von ca. 65% aufweisen. Allerdings variieren die Angaben aufgrund von methodologischen Problemen und Stichprobeneffekten erheblich. Insbesondere ist bei der Erhebung der aktuellen Komorbidität in den ersten Wochen nach dem Entzug nur schwer zu entscheiden, ob eine psychopathologische Symptomatik nicht noch Folge des Entzugs ist.

Komorbiditätsrate bei Alkoholabhängigen	
Angststörungen	1 – 69 %
Affektive Störungen	20 – 73 %
Schizophrenie	2 – 8 %
Einmalige psychotische Symptome, ohne daß allerdings die Kriterien für eine Schizophrenie erfüllt waren	43 %
Borderlinestörung	13 – 54 %
Antisoziale Persönlichkeitsstörung	14 – 53 %
Suizidversuche	25 – 35 %
Nikotinabhängigkeit	64 – 85 %
Medikamentenmißbrauch/-abhängigkeit	13 – 29 %
Drogenmißbrauch/-abhängigkeit	0,5 – 7,5 %

Geschlechtsspezifische Unterschiede hinsichtlich Komorbidität

Es ergeben sich hinsichtlich der Komorbidität bei Alkoholabhängigen deutliche Hinweise auf geschlechtsspezifische Unterschiede. Alkoholabhängige Frauen zeigen eine höheres Komorbiditätsniveau bei Angst- und affektiven Störungen, während alkoholabhängige Männer häufiger eine Antisoziale Persönlichkeitsstörung aufweisen.

14

Neben der Komorbidität im engeren Sinn sind prinzipiell folgende Zusammenhänge zwischen einer Alkoholabhängigkeit und weiteren psychischen Störungen möglich:

Mögliche Zusammenhänge bei Komorbidität

– psychische Störungen können unmittelbar durch den Konsum von Alkohol verursacht werden,

– psychopathologische Symptome können im protrahierten Entzug auftreten,

– psychopathologische Symptome können eine Reaktion auf suchtbedingte psychosoziale Veränderungen sein,

– die Einnahme von Alkohol stellt einen Bewältigungsversuch von psychopathologischen Symptomen (Selbstmedikation) dar,

– Alkoholabhängigkeit und psychische Störung werden durch einen gemeinsamen dritten Faktor verursacht.

Um auszuschließen, daß es sich bei einer psychopathologischen Symptomatik nicht nur um Folgen des Entzugs handelt, sollte die Diagnose einer psychiatrischen Störung bei Alkoholabhängigen nur gestellt werden, wenn die Symptomatik auch bei längerer Abstinenz fortbesteht.

1.7 Belastung der Angehörigen

Eine Alkoholabhängigkeit stellt eine schwere Belastung für alle Bezugspersonen des Betroffenen dar, weswegen einige Autoren auch von einer „Familienkrankheit" sprechen. Angehörige von Alkoholabhängigen haben hierbei v.a. zu leiden unter:

Vielfältige Belastung von Angehörigen

– Unzuverlässigkeit

– Vernachlässigung

– Emotionalen Ausbrüchen

– Aggression und Gewalttätigkeit

– Sexuellen Übergriffen und Mißbrauch

– Vermehrten Partnerschafts- und Familien-Konflikten

– Finanziellen Schwierigkeiten

– Drohender oder tatsächlicher Arbeitslosigkeit

– Notsituationen durch Alkoholintoxikation

Indirekt wird die Situation zusätzlich durch mangelndes Verständnis, Schuldzuweisungen oder Rückzug von Seiten des sozialen Umfeldes belastet. Entsprechend ist die Rate von psychischen Störungen bei Ehepartnern und Kindern von Alkoholabhängigen deutlich erhöht. Die Belastung von

Erhöhte Rate von psychischen Störungen bei Angehörigen

Belastung
von
Ange-
hörigen
endet nicht
mit
Abstinenz

Angehörigen endet nicht mit der Entwöhnungsbehandlung eines Abhängigen. Die Einmischung durch Therapeuten aber auch das bleibende Mißtrauen und die ständige Angst vor einem Rückfall bedeuten eine erhebliche
Belastung. Hieraus ergibt sich die Notwendigkeit der Einbeziehung von
den wichtigsten Bezugspersonen in die Behandlung von Alkoholabhängigen.

1.8 Diagnostische Verfahren und Dokumentationshilfen

1.8.1 Screening-Instrumente

● *Münchner Alkoholismustest (MALT)*

Der von Feuerlein et al. (1979) vorgestellte Test enthält 24 Fragen an den
Probanden und 7 Fragen an den behandelnden Arzt, alle mit Ja/Nein-Ant-
worten. Die Fragen betreffen sowohl unmittelbare Auffälligkeiten des Alkoholkonsums als auch mögliche psychische wie körperliche Folgeerschei-
nungen. Die sieben Fragen an den Arzt (MALT-F) werden vierfach ge-
wichtet, die Selbstaussagen des Probanden (MALT-S) werden einfach gewertet. Der Gesamtwert kann somit von 0 bis 52 variieren, wobei 0-5 Punkte
als normal, 6-10 Punkte als Hinweis für einen Alkoholmißbrauch und 11
oder mehr Punkte als Hinweis für eine Alkoholabhängigkeit gewertet werden. Der MALT hat sich in einer Reihe von Studien als valides und sensitives Instrument im klinischen Alltag erwiesen.

● *Laborparameter als Screening-Instrumente*

Mehrere Laborparameter können als Indikatoren für eine Alkoholproblematik (sog. „Alkoholmarker") verwendet werden (Wetterling, 1997).

Erhöhte
Gamma-
GT-Werte
weisen auf
eine
Leber-
schädigung
hin.

– *Gamma-Glutamyl-Transferase (Gamma-GT):* Es handelt sich um ein in
der Leber lokalisiertes Enzym, das bei Schädigung der Leber ins Blut
gelangt. Insofern kann eine erhöhte Gamma-GT (>28) als indirekter Indikator für einen erhöhten, leberschädigenden Alkoholkonsum angesehen werden. Allerdings fallen die Gamma-GT-Werte bei Abstinenz erst
langsam ab. Umgekehrt ist auch erst nach einer längeren Trinkphase von
über 26 Tagen mit einem deutlichen Anstieg der Gamma-GT-Werte zu
rechnen. Zur Spezifizierung alkoholbedingter Leberschäden können auch
weitere Leberwerte (GOT und GPT) herangezogen werden.

– *Mikrokorpuskuläre Volumen der Erythrozyten (MCV):* Ein erhöhtes
mikrokorpuskuläres Volumen der Erythrozyten ($>95mm^2$) kann ebenfalls als indirekter Indikator für einen überhöhten Alkoholkonsum gewertet werden. Allerdings steigen die MCV-Werte erst nach längerem
Alkoholkonsum von über 6 Wochen, so daß sie sogar noch zeitverzö-

gert nach Beginn der Abstinenz weiter ansteigen können. Für die Bestimmung kurzer Trinkphasen ist das MCV somit ungeeignet. Eine Normalisierung der MCV-Werte ist bei Alkoholabstinenz erst nach 2-3 Monaten zu erwarten.

- *Carbohydrat-Defizientes Transferring (CDT):* Der Vorteil dieses Verfahrens, bei dem ein bestimmtes Enzym im Blut gemessen wird, besteht darin, daß es bereits bei einer relativ kurzen Trinkdauer von < 14 Tagen anspricht. Es ist somit am ehesten zur Therapiekontrolle bei Alkoholabhängigen geeignet. Nachteile sind die hohen Kosten der Bestimmung sowie die Tatsache, daß lediglich etwa ein Viertel aller Alkoholabhängigen überhaupt erhöhte CDT-Werte zeigen.

CDT

Insgesamt ist der Nutzen von Laborparametern bei der Identifizierung von Alkoholabhängigen begrenzt. Insbesondere kurzfristiger Alkoholkonsum kann dadurch nicht festgestellt werden. Laborparameter können aber sehr wohl dazu genutzt werden, um das klinische Bild einer Alkoholabhängigkeit abzurunden.

Begrenzter Nutzen von Laborparametern

- ● *Atem- und Blutalkoholmessungen*

Tragbare Atemalkoholmeßgeräte haben mittlerweile eine Genauigkeit erreicht, daß für den klinischen Alltag in der Regel die Notwendigkeit einer Bestimmung der Konzentration von Alkohol im Blut durch Blutentnahme entfällt. Atemalkoholkontrollen sind aus einer Reihe von Gründen im Rahmen der Behandlung von Alkoholabhängigen erforderlich:

Indikation von Atemalkoholkontrollen

- *Sicherheit:* Die teilweise deutlich erhöhte Alkoholverträglichkeit der Betroffenen bewirkt, daß der tatsächliche Grad der Alkoholintoxikation im Kontakt erheblich unterschätzt wird. Um daher die Notwendigkeit einer medizinischen Behandlung sowie gegebenenfalls die Fahrtauglichkeit des Betroffenen bestimmen zu können, ist eine Atemalkoholkontrolle im Erstkontakt und v.a. bei einer ambulanten Behandlung in regelmäßigen Abständen zur Absicherung des Therapeuten sinnvoll.

- *Diagnostik:* Die Blutalkoholkonzentration stellt an sich eine wichtige diagnostische Information dar. Insbesondere wenn ein Patienten trotz hoher Promillewerte in seinem Verhalten weitgehend unauffällig ist, besteht der dringende Verdacht auf eine Alkoholabhängigkeit. Außerdem sind alle Patienten mit einem Blutalkoholspiegel von mehr als 2 Promille gezielt auf eine Alkoholabhängigkeit zu untersuchen.

- *Verlaufskontrolle:* Wiederholte Atemalkoholkontrollen im Verlauf einer Behandlung können wichtige Interventionen darstellen, um die Abstinenz der Patienten sicherzustellen. Im Rahmen ambulanter Behandlung kann u.U. eine Atemalkoholkontrolle zu Beginn jeder Sitzung sinnvoll sein, innerhalb stationärer Behandlungseinrichtungen gehören stichprobenartige Atemalkoholkontrollen zum Alltag.

Kurzfragebogen zur Medikamentenabhängigkeit (KFM)

Identifizie-
rung von
Medika-
menten-
mißbrauch
durch KFM

Der von Watzl et al. (1991) entwickelte Fragebogen dient als Screening-Instrument zur Identifizierung von Medikamentenmißbrauch bei Suchtpatienten. Er enthält 12 dichotome Items. Bei mehr als zwei Ja-Antworten ist von einem Medikamentenmißbrauch auszugehen. In einer Validierungsstudie erwies sich der Fragebogen als sensitives Screeninginstrument.

1.8.2 Instrumente zur Differentialdiagnostik

● *Addiction Severity Index (ASI)*

Der 1980 von McLellan und Mitarbeitern entwickelte und mittlerweile in der 5. Auflage erschienene Addiction Severity Index (ASI) ermöglicht einen raschen Überblick über die Suchtproblematik eines Patienten und ihrer Folgen. Die Durchführung des Interviews dauert 40-60 Minuten. Mit insgesamt 161 Items werden alle Suchtstoffe erfaßt, mit denen ein Patient in seinem Leben in Berührung kam, sowie der Konsum innerhalb der letzten 30 Tage. Außerdem wird der Schweregrad und die Behandlungsbedürftigkeit von 7 Problembereichen (Körperliche Probleme, Arbeitssituation, Strafverfahren, familiäre Situation, soziale Situation, psychiatrische Auffälligkeiten) aus der Sicht des Klienten jeweils auf einer Skala von 0-5 erfragt. Hinsichtlich des aktuellen Suchtmittelkonsums und einer Vielzahl von möglichen sozialen und psychischen Folgen wird schließlich eine Einschätzung der Behandlungsbedürftigkeit durch den Interviewer jeweils auf einer Skala von 0-9 vorgenommen.

Der ASI ist in viele Sprachen übersetzt worden und erwies sich in zahlreichen Studien als valides Instrument zur multidimensionalen Diagnostik wie auch zur Veränderungsmessung. Eine deutsche Version wurde von Gsellhofer et al. (1999) vorgestellt. Eine fachgerechte Durchführung des ASI setzt eine ca. eintägige Schulung des Interviewers voraus.

● *Trierer Alkoholismus Inventar (TAI)*

Beschrei-
bung
spezifi-
scher
Alkohol-
probleme
durch TAI

Der von Funke et al. (1987) entwickelte Fragebogen ermöglicht die spezifischen Alkoholprobleme eines Probanden anhand von folgenden sieben Dimensionen zu beschreiben:

1. Schweregrad (Verlust der Verhaltenskontrolle, negative Gefühle nach dem Trinken)

2. Soziales Trinken (Trinkumstände, soziale Bedeutung des Trinken)

3. Süchtiges Trinkens (Charakteristika süchtigen Trinkens)

4. Motive (Positive Trinkmotive)

5. Schädigung (Wahrnehmung der Folgen, Versuch der Selbstbehandlung)

6. Partnerprobleme wegen des Trinkens

7. Trinken wegen Partnerproblemen

Die insgesamt 90 Items des Fragebogens beziehen sich jeweils auf den Alkoholkonsum des Probanden innerhalb der letzten 6 Monate. Das TAI zeigte in mehreren Studien zufriedenstellende psychometrische Eigenschaften.

● *DIA-X M-CIDI*

In der aktuellen Version des Composite International Diagnostic Interviews (DIA-X M-CIDI) werden u.a. differenziert und substanzspezifisch Beginn, Schweregrad und Persistenz des Substanzgebrauchs erhoben. Das Interview erlaubt eine umfassende diagnostische Beurteilung aller im ICD-10 und DSM-IV aufgeführten Substanzbereiche. Die Durchführungsdauer des Suchtmoduls in der von Wittchen und Pfister (1997) entwickelten deutschen Version beträgt zwischen 10 und 90 Minuten. Es beginnt mit einem soziodemographischen Teil, auf den dann unterteilt nach den drei Substanzgruppen Tabak/Nikotin, Alkohol sowie andere psychotrope Substanzen standardisierte Mengen- und Häufigkeitsfragen folgen. Reliabilität und Validität konnten in Multicenterstudien an großen Stichproben bestätigt werden. Eine besondere Stärke des DIA-X Interviews liegt darin, daß für die meisten Personen mit Substanzmißbrauch und -abhängigkeit der diagnostische Algorithmus nicht mehr durchsichtig ist. Z. B. sind die diagnostischen Kriterien nicht mehr an Substanzmengen gebunden, so daß Dissimulationstendenzen der Patienten weniger stark zum Tragen kommen als bei anderen Erfassungsinstrumenten. Eine fachgerechte Durchführung des DIA-X Interviews setzt eine mehrtägige Schulung voraus. Erleichtert wird die Durchführung durch die Verwendung des computergestützten Expertensystems von Wittchen et al. (1997).

Ökonomische Erhebung des Alkoholkonsums durch DIA-X M-CIDI

● *Fragebogen zum funktionalen Trinken (FFT)*

Der von Berlitz-Weihmann und Metzler (1993) entwickelte Fragebogen dient v.a. der Erfassung der beabsichtigten bzw. erlebten positiven Alkoholwirkungen sowie der sozialen Funktionen des Alkoholkonsums eines Patienten. Die 93 Items verteilen sich auf fünf Rasch-skalierte Skalen:

Erfassung der Alkoholwirkung durch FFT

– exzitative Wirkung des Alkohols (stimulierende, euphorisierende Funktion, Erhöhung der Selbstsicherheit)

– psychopharmakologische Wirkung des Alkohols (antidepressive, anxiolytische und sedierende Funktion)

– soziale Funktion des Trinkens (sozialintegrierende, beziehungsstabilisierende und statuserhöhende Funktion)

- Normausnutzendes Hintergrundstrinken (z.B. rekreative und rituell-ze-remonielle Funktion)
- Symptome der psychischen und physischen Abhängigkeit

● *IDTSA*

Identifizie-
rung von
Trink-
situationen
durch
IDTSA
Das Inventory of Drug Taking Situations für Alkoholabhängige (IDTSA) dient der raschen Identifizierung der relevanten Trinksituationen einer Person. Es enthält hierzu insgesamt 50 Items mit den folgenden acht Subskalen:

- Negative Gefühlszustände
- Körperliche Beschwerden
- Versuch kontrolliert zu Trinken
- Angenehme Gefühlszustände
- Plötzliches Verlangen
- Interpersonelle Konflikte
- Geselligkeit
- Soziale Verführung

Erfragt wird jeweils die Häufigkeit des Alkoholkonsums innerhalb des letzten Jahres auf einer 5-stufigen Skala. Die Auswertung ermöglicht die optische Erstellung eines sog. „Risikoprofils" derjenigen Situationen (Rückfallrisikosituationen), in denen eine Person besonders versucht ist, Alkohol zu trinken. Eine deutsche Version des IDTSA wurde von Lindenmeyer und Florin (1998) vorgestellt.

● *KAZ-35*

Erfassung
von
Abstinenz-
zuversicht
durch
KAZ-35
Der Kurzfragebogen zur Abstinenzzuversicht (KAZ-35) von Körkel und Schindler (1996) dient der Erfassung der Zuversicht von Alkoholabhängigen, Rückfallrisikosituationen abstinent bewältigen zu können. Die Selbsteinschätzung hinsichtlich der 35 Fragebogenitems erfolgt jeweils auf einer sechsstufigen Skala von „überhaupt nicht zuversichtlich" bis „total zuversichtlich". Auch hier ergibt die Auswertung die Möglichkeit der Erstellung eines Zuversichtsprofils in Bezug auf die vier Subskalen (unangenehme Gefühle, Austesten der eigenen Kontrollmöglichkeiten, sozialer Druck und angenehme Gefühle).

Hinweise
zu Ver-
änderungs-
phase
durch
SOKRATES
● *SOKRATES*

Der von Miller et al. (1996) entwickelte Fragebogen ermöglicht eine rasche Orientierung darüber, in welcher Veränderungsphase sich ein Patient hinsichtlich der Auseinandersetzung mit seiner Alkoholabhängigkeit befindet. Mithilfe der 19 Items des Fragebogens können sowohl die Summenwerte eines Probanden hinsichtlich der vier Phasen von Prochaska und DiClemente (Precontemplation, Contemplation, Action und Maintenance) als auch hinsichtlich faktorenanalytisch ermittelter Faktoren (Ambivalenz hinsichtlich der Änderungsbereitschaft, Anerkennen der Alkoholabhängigkeit, Schritte zur Überwindung der Abhängigkeit unternehmen) gebildet werden. Bislang liegt noch keine deutsche Validierungsstudie zu diesem Fragebogen vor. Eine Übersetzung mit Auswertungsanleitung findet sich aber bei Wetterling und Veltrup (1997).

1.8.3 Instrumente zur Dokumentation und Qualitätssicherung

● *Dokumentationsstandards der DGSS*

Von der Deutschen Gesellschaft für Suchtforschung und Suchttherapie (DGSS) wurden 1992 überarbeitete Dokumentationsstandards für die Behandlung von Suchtmittelabhängigen entwickelt. Sie ermöglichen insbesondere den Vergleich eines Patienten mit den veröffentlichten Daten von größeren Patientenpopulationen verschiedener Therapieeinrichtungen und umfassen insgesamt 224 Fragen zu folgenden Bereichen:

Dokumentationsstandards der DGSS

– Patientenstammdaten

– familiäre, berufliche und soziale Situation

– Vorbehandlungen

– Suchtmittelkonsum

– Diagnosen

– Behandlungsverlauf

– Entlaßmodus

– Katamnese

Auf der Basis der Dokumentationsstandards der DGSS wurden mit EBIS und SEDOS edv-unterstützte Dokumentationssysteme entwickelt (Simon & Strobel, 1993), die mittlerweile eine sehr starke Verbreitung in der ambulanten bzw. stationären Behandlung von Alkoholabhängigen gefunden haben. Schließlich enthalten die Dokumentationsstandards der DGSS genauere Hinweise für die Durchführung und insbesondere Auswertung von Katamnesestudien.

● *Saluspat*

Edv-
gestütztes
Doku-
mentations-
system
Das edv-gestützte Dokumentationssystem Saluspat ermöglicht die zeitnahe Eingabe aller während einer stationären oder ambulanten Suchtbehandlung anfallender Patientendaten in eine elektronische Patientenakte. Letztere steht bei entsprechender PC-Vernetzung einer Therapieeinrichtung allen Mitgliedern eines interdisziplinären Behandlungsteams zur Verfügung. Die gespeicherten Daten schreiben sich automatisch in Verlängerungsanträge bzw. Abschlußberichte für die Leistungsträger bzw. Vorbehandler. Statistisch aufbereitete Abfragen unterstützen außerdem die Qualitätssicherungsbemühungen einer Therapieeinrichtung.

Eingabe-
module
von
Saluspat
Saluspat umfaßt folgende Eingabemodule:

– Patientenstammdaten

– Therapeutisches Erstgespräch

– Medizinische Anamnese

– Medizinischer Befund

– Diagnosen und Therapieziele

– Therapieverlauf (Einzeltherapie und Bezugsgruppentherapie, Indikative Therapie, Sozialdienst, Ärztliche Konsile innerhalb der Klinik, Konsiliaruntersuchungen außerhalb der Klinik, Rückfälle, Suizidale Krisen, Erprobungsheimfahrten)

– Laborbefunde

– Medizinische Abschlußuntersuchung

– Therapeutisches Abschlußgespräch

– 1-Jahres-Katamnese

2 Störungstheorien und -modelle

Bislang
kein
einheit-
liches
Störungs-
modell
Bislang existiert kein einheitliches Störungsmodell für die Entstehung einer Alkoholabhängigkeit. Es ist angesichts der Komplexität aber auch nicht verwunderlich, daß eindimensionale Modelle nur widersprüchliche empirische Bestätigung fanden (z.B. Persönlichkeit, Genetische Faktoren, Herkunftsfamilie), sondern ein bio-psycho-soziales Modell am ehesten geeignet erscheint, die Entstehung und Aufrechterhaltung von Alkoholabhängigkeit zu beschreiben. Danach sind für das Suchtgeschehen v.a. drei Teufelskreise entscheidend (vgl. Abb. 5).

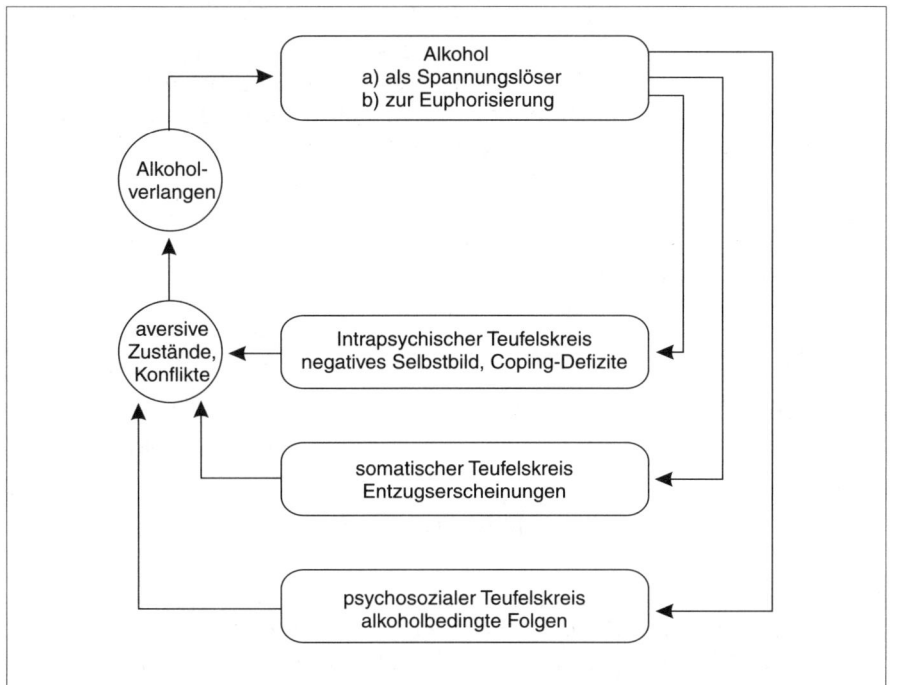

Abbildung 5:
Teufelskreismodell der Sucht (Küfner, 1981)

Bei der Behandlung eines Patienten ist jeweils im konkreten Einzelfall zu entscheiden, welcher Stellenwert den verschiedenen Teufelskreisen bei der Entstehung und Aufrechterhaltung einer Alkoholabhängigkeit zukommt. Für alle drei Teufelskreise wurden eine Reihe von spezifischen Modellen und Theorien entwickelt, die bei der Entwicklung eines individuellen Erklärungsmodells herangezogen werden können.

2.1 Intrapsychische Erklärungsmodelle der Alkoholabhängigkeit

2.1.1 Die Entwicklung pathologischer Trinkmotive

In Abhängigkeit der Trinksituation kann die Wirkung von Alkohol auf das Erleben und Verhalten einer Person ganz unterschiedlich sein:

Enthem-
mung und
Stimulie-
rung
durch
Alkohol

- *Enthemmung/Stimulierung.* In vielen Situationen kann Alkohol als eine Art soziales „Schmiermittel" zur Erleichterung von Kontakten bzw. als Stimmungsmacher in Gesellschaft bei Festen, Feiern oder am Stamm-

23

tisch dienen (vgl. Abb. 6). Vom leichten Schwips bis hin zum erheblichen Rausch läßt Alkohol diese Situationen (noch) angenehmer werden, in dem sich die Beteiligten unter Alkohol in ihrem Denken und Verhalten freier, enthemmter, unternehmungslustiger, ausgelassener, witziger, einfallsreicher oder einfach besser gelaunt fühlen. Mit Alkohol können viele Menschen ihren Gefühlen freien Lauf lassen oder angenehme Erlebnisse intensiver genießen, andere trauen sich dann plötzlich Verhaltensweisen zu, die sie sonst eher vermeiden. Wichtig kann hierbei auch das Gefühl von Macht und Stärke sein.

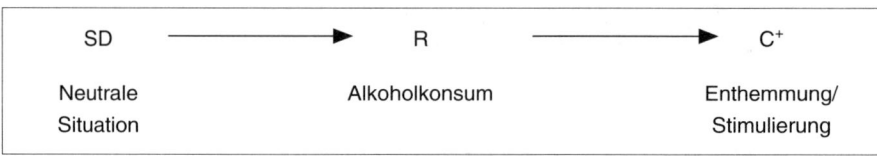

Abbildung 6:
Enthemmung durch Alkohol

Dämpfung und Beruhigung durch Alkohol

● *Dämpfung/Beruhigung.* In anderen Situationen kann Alkohol dagegen zur Erleichterung oder kurzfristigen Überwindung von Problemen, Ängsten oder Belastungen dienen (vgl. Abb. 7). Beispiele hierfür sind das Trinken von Alkohol in beruflichen Streßsituationen, bei seelischen oder körperlichen Problemen, bei allgemeiner Nervosität oder Anspannung, bei Schlaflosigkeit, bei Ärger oder Konflikten und bei Gefühlen von Einsamkeit und Langeweile. Gemeinsam ist diesen Situationen, daß durch Alkohol unangenehme Gedanken und Gefühle gedämpft werden und die Situation für den Betroffenen zumindest kurzfristig erträglicher wird.

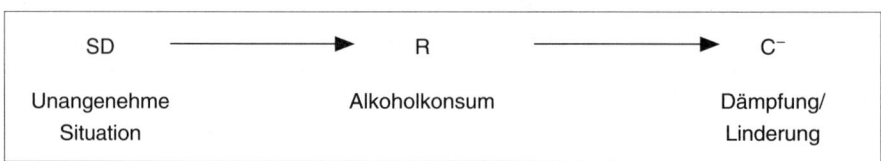

Abbildung 7:
Dämpfung durch Alkohol

Ausbalanciertes Placebodesign

Nachgewiesener Einfluß von Wirkungserwartung

Mit Hilfe des sog. „ausbalancierten Placebodesigns" konnte nachgewiesen werden, daß die tatsächliche Wirkung von Alkohol hierbei nicht nur die Folge der unmittelbar chemischen Alkoholwirkung im Körper, sondern immer auch Ergebnis von Wirkungserwartungen des Trinkenden im Sinne eines Placeboeffektes ist. Bei dieser Versuchsanordnung wird sichergestellt, daß die Probanden nicht wissen, ob sich Alkohol in einem von ihnen konsumierten Getränk befindet oder nicht. Personen bis zu einer mittleren Blutalkoholkonzentration, die irrtümlicher Weise annahmen, keinen Alkohol zu trinken, verspürten eine deutlich geringere Alkoholwirkung. Dagegen

24

verspürten Personen, die irrtümlicher Weise annahmen, echten Alkohol zu trinken, auch eine tatsächliche Alkoholwirkung, obwohl sie in Wirklichkeit lediglich alkoholfreie Getränke getrunken hatten.

Die somit bei der erlebten Alkoholwirkung wirksamen kognitiven Vermittlungsprozesse können im Rahmen einer Suchtentwicklung über folgende Mechanismen zu pathologischen Trinkmotiven beitragen:

- *beeinträchtigte Selbstwahrnehmung.* Viele Alkoholabhängige verfügen über eine mangelnde Selbstwahrnehmungsfähigkeit. Sie erleben dadurch angenehme wie unangenehme Alkoholwirkungen erst bei größeren Alkoholmengen. Umgekehrt dient die Einnahme von Alkohol vielen Alkoholikern zur Verringerung von unangenehmer Selbstaufmerksamkeit.

Erhöhter Alkoholkonsum durch beeinträchtigte Selbstwahrnehmung

- *unrealistische, positiv verzerrte Wirkungserwartung.* In einer Reihe von Untersuchungen konnte gezeigt werden, daß unrealistisch, positive verzerrte Wirkungserwartungen an Alkohol bei Jugendlichen (z.B. hinsichtlich sexueller Situationen) die Entwicklung eines problematischen Trinkstils begünstigen. Entsprechend konnten positiv verzerrte Wirkungserwartungen bei vielen Alkoholabhängigen beobachtet werden.

Pathologischer Trinkstil durch unrealistische Wirkungserwartung

- *Mangelnde Entwicklung von alternativen Verhaltensrepertoire.* Die Einnahme von Alkohol wird für den Betroffenen dadurch immer zwingender, sie stellt schließlich die einzige Bewältigungsmöglichkeit für diese Situationen dar.

Trinkzwang durch Mangel an alternativem Verhaltensrepertoire

- *Entwicklung suchtbezogener Grundannahmen.* (z.B. „Alkohol ist die einzige Möglichkeit mich besser zu fühlen"). Diese werden nach Beck et al. (vgl. Abb. 8, 1995) auf dem Hintergrund persönlichkeitsspezifischer Grundüberzeugungen schließlich vollkommen reflexartig in einer Vielzahl von Trinksituationen aktiviert, ohne jemals einer erneuten Überprüfung auf ihre situative Angemessenheit und ihren Wahrheitsgehalt hin unterzogen zu werden:

Automatisierter Alkoholkonsum durch suchtbezogene Grundannahmen

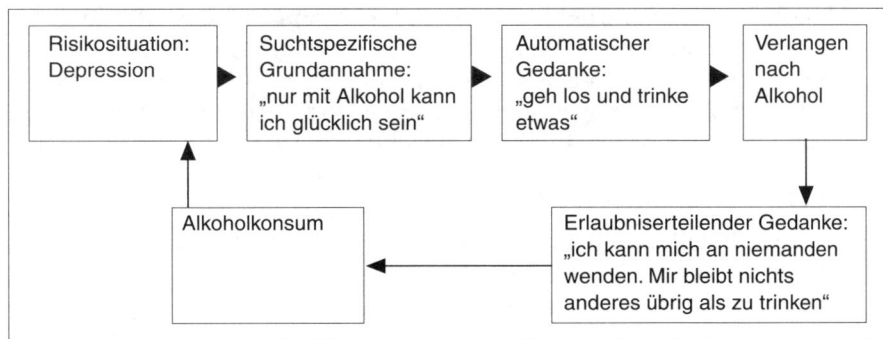

Abbildung 8:
Das Modell der suchtspezifischen Grundannahmen von Beck et al. (1995)

2.1.2 Alkoholreagibilität (cue reactivity)

Alkohol-Trigger

Klassische Konditionierungsmodelle der Alkoholabhängigkeit postulieren, daß Stimulusbedingungen (sog. „trigger") bei einer Person klassisch konditionierte Reaktionen (sog. „cue reactivity") auslösen können (vgl. Abb. 9). Da letztere aversiv erlebt werden, erhöht sich dadurch die Rückfallgefahr für erneutes Trinken zu ihrer Dämpfung selbst nach langen Abstinenzphasen. Zum Beispiel wird das Erleben von Alkoholverlangen (sog. „cra-

Craving

ving") bei Alkoholabhängigen als kognitive Repräsentation dieses Prozesses betrachtet.

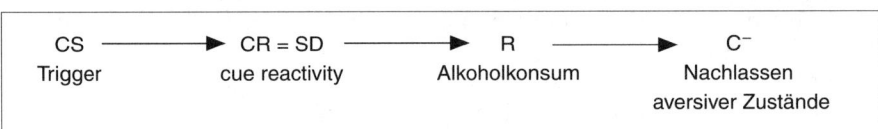

Abbildung 9:
Alkoholreagibilität

Hinsichtlich des Zustandekommens von cue reactivity sind allerdings fünf verschiedene klassische Konditionierungsmodelle entwickelt worden:

- *Modell der klassisch-konditionierten Entzugserscheinungen*

Klassisch konditionierte Entzugserscheinungen

Nach diesem Modell können situative Stimuli, die mit Alkoholkonsum gepaart waren, auch nach längerer Zeit klassisch konditionierte Entzugserscheinungen hervorrufen. Ebenso können interoceptive Stimuli, die den früheren Entzugserscheinungen ähneln, konditionierte Entzugserscheinungen auslösen.

- *Modell der klassisch-konditionierten Kompensationsreaktion*

Klassisch konditionierte Kompensationsreaktionen

Diesem Modell zufolge können situative Stimuli, die wiederholt mit Alkoholkonsum und dessen Auswirkungen gepaart waren, Auslöser für klassisch konditionierte, körperliche Kompensationsreaktionen werden. Letztere dienen quasi als körperliche Abwehrreaktion dazu, die antizipierte Alkoholwirkung auszubalancieren, und werden vom Betroffenen als unangenehm bzw. ängstigend erlebt.

- *Modell klassisch-konditionierter Appetenz*

Klassisch konditionierte Appetenz

Dieses Modell nimmt an, daß Alkoholkonsum durch positive Appetenz und nicht durch negative Verstärkung gesteuert wird. Postuliert wird, daß situative Stimuli über klassische Konditionierung jene positiven Gefühlszustände im Sinne eines Appetenzeffekts auslösen können, die ursprünglich durch den Konsum von Alkohol bewirkt wurden.

26

- *Modell der verringerten Selbstwirksamkeitsüberzeugung durch klassische Konditionierung*

  Nach diesem Modell verringern die klassisch konditionierten Reaktionen die Selbstwirksamkeitsüberzeugung des Betroffenen, indem er sie als unkontrollierbar erlebt und als Anzeichen von Schwäche oder eigener Unfähigkeit interpretiert. Über den Effekt der verringerten Selbstwirksamkeitsüberzeugung wird der Betroffene empfänglicher für die positive Wirkung von Alkohol.

- *Modell der Behinderung durch klassische Konditionierung*

  Diesem Modell zufolge beeinträchtigen klassisch konditionierte Reaktionen unmittelbar die Bewältigungsfertigkeiten des Betroffenen. Beispielsweise behindere starke physiologische Erregung die kognitive Leistungs- und Steuerungsfähigkeit und führe dadurch zu automatisiertem, wenig umsichtigem Bewältigungsverhalten. Dadurch werde wiederum der erneute Konsum von Alkohol begünstigt.

In zahlreichen Studien konnte die Beteiligung von klassisch-konditionierten Reaktionen am Rückfallgeschehen gezeigt werden. Andererseits ist der tatsächliche Wirkmechanismus noch nicht befriedigend geklärt, da die obigen Modelle aufgrund ihrer ähnlichen Vorhersagen nur schwer empirisch gegeneinander zu testen sind.

2.1.3 Sozialkognitives Modell des Rückfalls

Marlatt und Gordon (1985) stellten auf dem Hintergrund von Banduras Selbstwirksamkeitskonzept ein sozialkognitives Rückfallmodell vor, in dem der Zusammenhang zwischen drei Bestimmungsstücken des Rückfallgeschehens spezifiziert wird:

- *Rückfallrisikosituationen.* Dem Modell zufolge wird die Auftretenswahrscheinlichkeit einer Rückfallrisikosituation vor allem durch (a) eine „unausgewogene Lebenssituation" und (b) „scheinbar irrelevante Entscheidungen" der Betroffenen erhöht. Unter einer unausgewogenen Lebenssituation wird ein ungünstiges Verhältnis zwischen solchen Ereignissen und Umständen, die als unangenehm empfunden werden und solchen, die als angenehm empfunden werden, verstanden. Diese Konstellation führe zu negativen Gefühlen, insbesondere zu einer gesteigerten Wahrnehmung des Gefühls, ungerecht behandelt worden zu sein. Hierdurch steige das Bedürfnis nach Entschädigung und Genugtuung, wodurch wiederum die Abstinenzbemühungen der Betroffenen unterminiert werden können. Insbesondere können Marlatt und Gordon zufolge nunmehr sog. „scheinbar irrelevante Entscheidungen" (apparently irrelevant decisions) das Eintreten von konkreten Risikosituationen begünstigen (z.B. die Entscheidung, Alkohol zu Hause vorrätig zu haben, um Gäste damit bewirten zu können), selbst wenn sie von den Betroffenen und ihrer Umwelt nicht als für einen Rückfall relevant eingeschätzt werden.

Dauerhafte Abstinenz durch alternative Bewältigungsfertigkeiten

● *Bewältigungsfertigkeiten.* Das sozialkognitive Rückfallmodell geht davon aus, daß ein Betroffener auf Risikosituationen nicht passiv bzw. automatisiert mit einem Rückfall reagiert, sondern daß die Wahrscheinlichkeit eines Rückfalls entscheidend von der Verfügbarkeit und dem Einsatz alternativer Bewältigungsfertigkeiten (coping skills) abhängt. Hierbei werden insbesondere aktiv-bewältigende und passiv-vermeidende Bewältigungsrichtungen sowie zwei Bewältigungsmodi (kognitive Strategien versus verhaltensorientierte Strategien) unterschieden.

Abstinenzzuversicht

● *Abstinenzzuversicht.* Unter Abstinenzzuversicht (alcohol related self-efficacy) wird die Überzeugung eines Alkoholabhängigen verstanden, in einer Rückfallrisikosituation über effektive Alternativen anstelle des früheren Trinkverhaltens zu verfügen. Es wird angenommen, daß Personen mit hoher Abstinenzzuversicht in Rückfallrisikosituationen eher effektives Bewältigungsverhalten zeigen und weniger häufig rückfällig

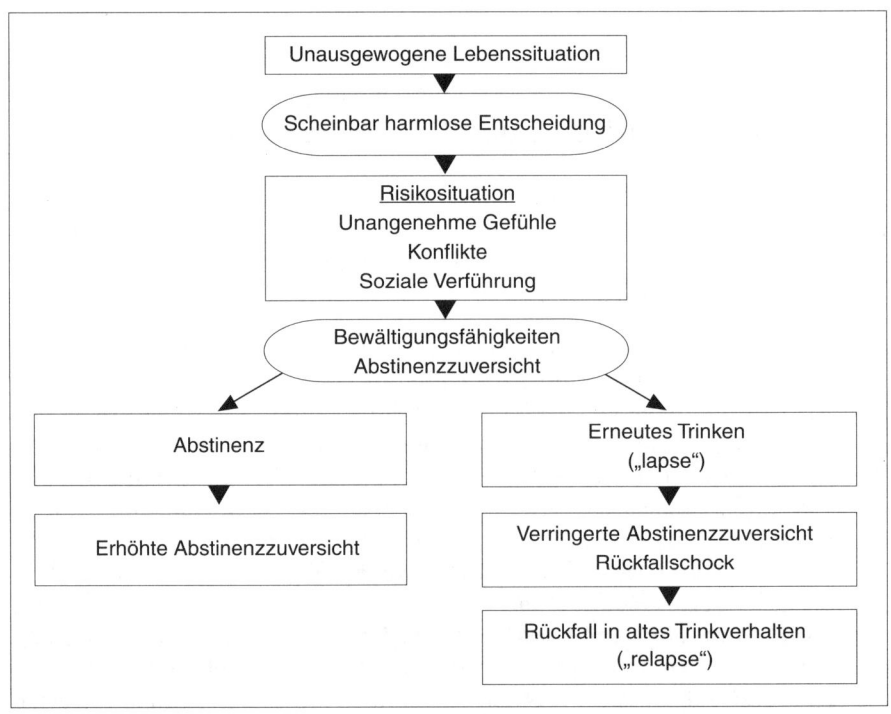

Abbildung 10:
Sozialkognitives Rückfallmodell nach Marlatt & Gordon (1985)

28

werden. Die Abstinenzzuversicht soll ihrerseits mit der Zahl erfolgreich bewältigter Rückfallrisikosituationen zunehmen.

Schließlich postulieren Marlatt und Gordon ein 2-Phasenmodell des Rückfalls (Abb. 10). Danach fällt ein Alkoholabhängiger nach einmaligem Alkoholkonsum (sog. „Ausrutscher" oder „lapse") insbesondere deshalb wieder in sein früheres Trinkverhalten zurück (‚relapse'), weil er hierauf typischer Weise mit einem starken Absinken seiner Abstinenzzuversicht im Sinne eines sog. „Rückfallschocks" (abstinence violation syndrome) reagiert. Angenommen wird hierbei eine kognitive (z. B. „Ich bin ein Versager") und eine emotionale (z. B. Panik) Komponente des Rückfallschocks. **Marlatts Zwei-Phasen-Modell des Rückfalls**

Rückfall-schock

Auch wenn die einzelnen Elemente des sozialkognitiven Rückfallmodells bislang empirisch noch keineswegs als befriedigend gesichert gelten können, stellt es doch die Grundlage für die meisten Therapieansätze zur Rückfallprävention dar.

2.2 Neurobiologische Modelle der Alkoholabhängigkeit

Hinsichtlich der neurobiologischen Suchtforschung sind in den letzten Jahren die größten Fortschritte zu verzeichnen. Zwar gibt es noch keine ausgearbeitete neurobiologische Theorie der Alkoholabhängigkeit, es werden aber v.a. drei Mechanismen mit der Entwicklung und Aufrechterhaltung einer Alkoholabhängigkeit in Verbindung gebracht. Die einzelnen Modellannahmen sind allerdings sehr komplex und unterliegen aufgrund der regen Forschungstätigkeit einer derart kurzfristigen Veränderung, daß bei der folgenden Darstellung eine grobe Vereinfachung unausweichlich ist.

2.2.1 Toleranzentwicklung

Bei regelmäßigem Alkoholkonsum können Personen eine um den Faktor 2 erhöhte Verträglichkeit von Alkohol dergestalt entwickeln, daß sie eine bis zu doppelt so große Menge Alkohol benötigen, um die gleiche Wirkung zu erzielen. Zwei Faktoren werden mit dieser Toleranzsteigerung in Zusammenhang gebracht:

- *Erhöhte Alkoholverarbeitungskapazität der Leber.* Bei häufigen Promillewerten von über 0.5 kann sich die Kapazität der Leber zur Verarbeitung von Alkohol durch Bildung zusätzlicher Enzyme erhöhen. Besondere Bedeutung wird hierbei dem sog. „Mikrosomalen Ethanol Oxidations System" (MEOS) zugemessen, mit dessen Hilfe der Abbau von Alkohol in der Leber durch Zuführung von Sauerstoff beschleunigt **MEOS beschleunigt Abbau von Alkohol** werden kann. Einerseits führt die dadurch rascher eintretende Nüchternheit der Betroffenen zur rascheren Wiedereinnahme von Alkohol, andererseits entstehen durch MEOS Zwischenprodukte, die ein verstärktes Verlangen nach Alkohol hervorrufen.

● *2-Phasenwirkung von Alkohol.* Insbesondere EEG-Untersuchungen zeigten eine 2-Phasen-Wirkung von Alkohol dergestalt, daß im Anschluß an die erwünschte angenehme Hauptwirkung von Alkohol eine entgegengesetzte unangenehme Nebenwirkung einsetzt. Diese ist zwar geringer ausgeprägt aber viel länger anhaltend. Durch die wiederholte Einnahme von Alkohol kommt es zu einer allmählichen Auftürmung der unangenehmen Nebenwirkungen, die irgendwann die Form der bekannten Entzugserscheinungen (Zittern, Schwitzen, Erbrechen) annehmen können. Der Betroffene benötigt nunmehr erhebliche Alkoholmengen, um durch die aufgetürmten Nebenwirkungen hindurch überhaupt noch eine angenehme Hauptwirkung zu empfinden (Abb. 11).

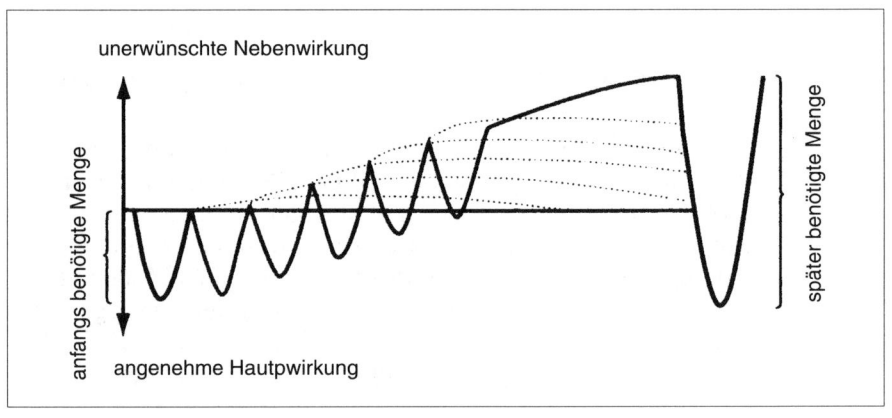

Abbildung 11:
Toleranzsteigerung bei Alkohol (Lindenmeyer, 1998)

2.2.2 Endorphinmangel

Im Mittelpunkt dieser Suchtmodelle steht das die menschliche Wohlbefindlichkeit bewertende sog. „Belohnungssystem" im Gehirn. Stammesgeschichtlich ist dieses vorwiegend dopaminerg-endorphinerg regulierte, mesolimbisch-mesocorticale Funktionssystem mit explorativer Neugierdeerkundung, Motivationsprozessen, allgemeiner Verhaltensaktivierung und Beibehaltung von stabilisierenden Gewohnheitshierarchien verbunden. Eine

Reihe von biochemischen Erklärungsansätzen gehen übereinstimmend davon aus, daß ein genetischer oder durch anhaltenden Alkoholkonsum erworbener Defekt verschiedener Transmittersysteme (u.a. dopaminerges und serotonerges System; endogene Endorphine) in einer mangelnden Selbstaktivierung des Belohnungssystems seinen Niederschlag findet. Bei Alkoholabstinenz entsteht dadurch ein Mangel an körpereigenen Endorphinen, der wiederum Suchtmittelverlangen, Reizbarkeit, Depression, Ärger und Dysphorie bewirkt. Erst durch die erneute Einnahme von Alkohol wird der Endorphinmangel ausgeglichen, da Kondensationsprodukte mit endorphinähnlichen Eigenschaften den Endorphinmangel und dessen psychische Begleiterscheinungen kurzfristig beseitigen.

Endorphinmangel bei chronischem Alkoholkonsum

Außerdem wird bei ständigem Alkoholkonsum eine neuronale Adaptation des Dopaminsystems angenommen, die zu immer größerer Hypersensitivität des Belohnungssystems gegenüber der Anreizwirkung von Alkohol und alkoholspezifischen Stimuli führen. Diese biochemischen Erklärungsansätze bilden die Grundlage für den Einsatz von sog. „Anticravingsubstanzen" (z.B. Campral®) zur Rückfallprophylaxe bei der ambulanten Behandlung von Alkoholabhängigen.

Einsatz von Anti-Craving-Substanzen

2.2.3 Situationsspezifische emotionale Gedächtniseffekte und Informationsverarbeitung

Verschiedene Autoren postulieren die Existenz eines sog. „Suchtgedächtnisses". Den Hintergrund liefern im Tierexperiment gewonnene Erkenntnisse, daß sowohl endogene Opioide (speziell Endorphin$_{1-31}$) als auch Glutamat-NMDA-vermittelte Prozesse des oben erwähnten Belohnungssystems nicht nur an der Erzeugung von Gefühlen, sondern insbesondere auch an der Gedächtnisbildung beteiligt sind. Erste Hinweise liegen außerdem dafür vor, daß durch eine anhaltende Aktivierung dieser Systeme auch sog. „regulative Gene" (z.B. c-fos-Gen in Nervenzellen) aktiviert werden können, die im Zellkern dauerhafte Gedächtnisspuren hinterlassen können. Auf diese Weise können positive Erfahrungen mit Alkohol in Strukturen des limbischen Systems dauerhaft engrammiert werden und dadurch jederzeit in entsprechenden Auslösesituationen bzw. bei der erneuten Einnahme von Alkohol selbst nach längeren Abstinenzphasen in Form von Verlangen nach weiterem Alkohol, eingeschränkter Wahrnehmungsfähigkeit und automatisierten, alkoholbezogenen Handlungsschemata spontan reaktiviert werden.

Suchtgedächtnis

Dauerhafte Engrammierung von Alkoholerfahrung

2.3 Soziale Modelle der Alkoholabhängigkeit

2.3.1 Das „Eisbergphänomen" in einer gestörten Trinkkultur

Hinsichtlich des Umgangs mit Alkohol lassen sich Abstinenzkulturen, in denen es kaum Alkohol gibt, von Trinkkulturen und gestörten Trinkkulturen unterscheiden, in denen der Konsum von Alkohol weitverbreitet ist.

Gestörte Trinkkultur

Eine gestörte Trinkkultur zeichnet sich dadurch aus, daß es im Gegensatz zu einer intakten Trinkkultur keine klaren und verbindlichen Regeln im Umgang mit Alkohol gibt. Vielmehr sind auch schädliche und riskante Formen des Umgangs mit Alkohol – z.B. Wett-Trinken, wiederholte Räusche, schwere Kater oder ausschließliches Trinken von hochprozentigen Alkoholika – weitverbreitet. Beispielsweise ist in Deutschland insbesondere bei Männern zwischen dem 14. und 30. Lebensjahr eine ständige Zunahme des regelmäßigen Alkoholkonsums zu verzeichnen. Erst danach ist ein Schereneffekt zu beobachten: Die Anzahl der regelmäßig Trinkenden sinkt, diese trinken aber zu einem größeren Anteil sehr viel und müssen zu den alkoholgefährdeten Personen gerechnet werden. Ähnliche Verläufe sind in den USA insbesondere bei Collegestudenten mit einem besonders starken Alkoholkonsum während der Studienzeit zu beobachten.

Unklare Trinkregeln unter Jugendlichen

Hierbei ist ein deutlicher Zusammenhang zwischen der Entwicklung eines schädlichen und risikoreichen Alkoholkonsums und einer permissiven Einstellung gegenüber Alkohol zu verzeichnen (z.B. „mäßig trinken darf man so oft man will", „eine Party ohne Alkohol ist langweilig", „schlechte Laune und Probleme lassen sich durch Alkohol vertreiben"). Genau diese Einstellungen sind aber in den Medien weitverbreitet. Beispielsweise ergab eine Analyse des Alkoholkonsums in deutschen Fernsehserien, daß hier Alkohol ein normaler Bestandteil des Lebens ist und v.a. bei Männern Wirkungstrinken zur Streßreduktion, Entspannung, Kontakterleichterung und Enthemmung sehr wohl als angemessen und sozial akzeptiert dargestellt wird. Alkoholabhängigkeit wird dagegen meist in extremer Form und als Problem von Randgruppen dargestellt.

Alkoholkonsum in deutschen Fernsehserien

Die Entstehung einer Alkoholabhängigkeit wird unter diesen Umständen durch das sog. „Eisbergphänomen" begünstigt (vgl. auch Abb. 17 auf S. 50):

Eisberg-Phänomen

– Einerseits werden entscheidende Schritte in Richtung einer Abhängigkeitsentwicklung vom Betroffenen selbst aber auch seiner Umwelt oft jahrelang nicht erkannt, da sie sich noch unterhalb der allgemein üblichen Trinknormen befinden. Auch Hausärzte und Therapeuten zögern aufgrund dieser Situation oftmals sehr lange, ihre Patienten auf ihren überhöhten Alkoholkonsum anzusprechen.

– Andererseits besteht die Tendenz, alle auffällig gewordenen Alkohol-

32

probleme einheitlich als Alkoholabhängigkeit zu verstehen und entsprechend aufwendig und langwierig zu behandeln. Weniger aufwendige und niedrigschwellige Behandlungsansätze für leichtere oder erst seit kurzer Zeit bestehende Formen von Alkoholproblemen sind hierzulande kaum entwickelt.

Die somit erst spät, dann aber um so heftiger einsetzende Reaktion der Umwelt auf das Alkoholproblem eines Betroffenen ist nicht mehr dazu geeignet, den Betroffenen zu einem „normalen" Alkoholkonsum zurückzuführen, sondern hat meist nur heimliches Trinken oder andere Vermeidungsstrategien zur Folge. Erst wenn sich schwere negative Folgen einer dauerhaften Alkoholabhängigkeit entwickelt haben, sieht sich der Betroffene zu einer Veränderung gezwungen.

2.3.2 Familienprozesse bei Alkoholabhängigkeit

Einen Paradigmawechsel stellten Erklärungsansätze dar, die die Ursache für eine Alkoholabhängigkeit weniger in dem Betroffenen selbst als in einer suchtspezifischen Veränderung seiner Interaktion mit seiner Umwelt sehen. Manche Autoren sprechen in diesem Zusammenhang auch von Alkoholfamilien oder Suchtfamilien. Gemeinsam ist all diesen Ansätzen, daß sie aus einer systemischen Perspektive die Adaption des Systems Familie zum Gegenstand haben. Hierbei werden eine Reihe von typischen Mechanismen beschrieben:

– Abschottung der Familie nach außen, um negative Auswirkungen des Trinkens zu vermeiden bzw. zu verbergen.

– Veränderung der Rollenaufteilung und Übernahme der Verantwortlichkeiten des Abhängigen, um ihn zu entlasten und gleichzeitig die Familie vor den Folgen seiner Unzuverlässigkeit zu schützen.

– Entgegenkommen und Konfliktvermeidung gegenüber dem Abhängigen in der Hoffnung, dadurch seinen Alkoholkonsum aber auch seine durch Alkohol gesteigerte Gewalttätigkeit zu senken.

Adaptationsmechanismen der Familien von Alkoholabhängigen

Vielfach ist das Verhalten der Familienangehörigen und Lebenspartner auch als Enabling (deutsch: „Ermöglichen") oder „Co-Abhängigkeit" problematisiert worden, da es den Alkoholkonsum des Betroffenen ungewollt aufrechterhalte.

Enabling Co-Abhängigkeit

Aufgrund der mangelnden Operationalisierung der hierbei entwickelten Konzepte steht ihre empirische Überprüfung bislang noch aus. Insbesondere ist völlig unklar, in welchem Ausmaß die beschriebenen Verhaltensweisen bei Angehörigen tatsächlich bestehen und ob hierdurch die Abhängigkeit wesentlich stabilisiert wird. Außerdem ist fraglich, ob diese Interakti-

fehlende empirische Grundlage

33

onsformen wirklich suchtspezifisch sind, oder nicht vielmehr allgemeine Bewältigungsformen von Angehörigen auf eine psychische Erkrankung eines Familienmitgliedes oder des Partners darstellen. Trotzdem wurden auf dieser Grundlage eine Vielzahl von therapeutischen Interventionen zur Einbeziehung von Angehörigen in der Behandlung von Abhängigen ent-

Einbeziehung von Bezugspersonen erhöht Abstinenzchancen

wickelt. Zumindest konnte in einer Reihe von Studien gezeigt werden, daß durch eine Einbeziehung der Partner von Alkoholabhängigen sowie die Anwendung ehetherapeutischer Elemente die Erfolgschancen von Entwöhnungsbehandlungen bei Alkoholabhängigen signifikant verbessert werden konnten.

2.3.3 Sozialer Abstieg

Es sind v.a. drei Bedingungen, die im Verlauf einer Alkoholabhängigkeit zu sozialem Abstieg und Ausgrenzung des Betroffenen führen können:

3 Bedingungen für den sozialen Abstieg von Akoholabhängigen

–   unmittelbare soziale Folgen des Trinkens (z.B. Trennungen und Scheidungen, Versagen bei Freizeitanforderungen oder im Beruf, Kündigung und Arbeitslosigkeit, Finanzielle Engpässe und Schulden, strafrechtliche Komplikationen, Wohnungsverlust und Obdachlosigkeit),

–   das Distanzbedürfnis der Umwelt und die Ablehnung gegenüber Alkoholkranken in der Bevölkerung,

–   Vermeidungsstrategien der Betroffenen (z.B. sozialer Rückzug oder bevorzugter Kontakt zu ebenfalls Trinkenden, um einer Stigmatisierung ihrer Alkoholprobleme zu entgehen).

Verwechslung von Ursache und Wirkung bei Alkoholabhängigen

Die tatsächlichen sozialen Probleme werden ihrerseits immer häufiger Auslöser für erneutes Trinken. Hierbei besteht insbesondere die Gefahr, daß in der Selbstwahrnehmung von Alkoholabhängigen eine Verwechslung von Ursache und Wirkung stattfindet. Sie glauben, wegen ihrer sozialen Probleme zu trinken, während in Wirklichkeit ihre soziale Situation zumindest in erheblichem Ausmaß durch ihr Trinken bedingt ist.

Aufgrund dieser suchtstabilisierenden sozialen Teufelskreise ist auch die traditionelle Grundhaltung von Suchttherapeuten: „Ein Alkoholabhängiger muß erst physisch und sozial ganz am Boden sein, um für eine Behandlung motiviert zu sein", aus ethischer Sicht abzulehnen:

–   Hierdurch können schwerwiegende körperliche und soziale Folgen eintreten, die dann auch durch Abstinenz nicht mehr rückgängig gemacht werden können.

–   Durch eine fortschreitende, suchtbedingte Zerstörung des sozialen Stützsystems sinken die Abstinenzchancen der Betroffenen (Abb. 12).

34

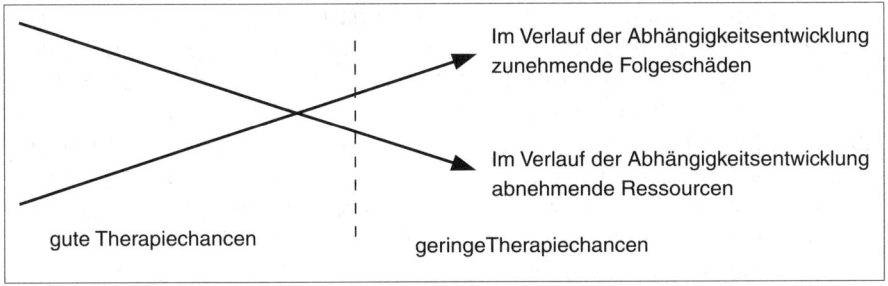

Im Verlauf der Abhängigkeitsentwicklung zunehmende Folgeschäden

Im Verlauf der Abhängigkeitsentwicklung abnehmende Ressourcen

gute Therapiechancen   geringeTherapiechancen

Abbildung 12:
Der negative Zusammenhang zwischen Therapiechancen und Folgeschäden
(Lindenmeyer, 1998)

Auch wenn der Betroffene noch nicht zu einer dauerhaften Alkoholabstinenz bereit bzw. in der Lage ist, ist statt dessen zumindest eine Verringerung der körperlichen und sozialen Alkoholfolgeschäden im Sinne von „harm reduction" anzustreben:

- Sicherung des Überlebens,
- Verhinderung von schweren körperlichen Folgeschäden,
- Sicherung der sozialen Umgebung gegen Beeinträchtigungen
- Verhinderung sozialer Desintegration,
- Ermöglichung längerer Abstinenzphasen.

Primäre Behandlungsziele bei sozialem Abstieg

2.4 Veränderungsphasen

Einen wesentlichen Impuls hat die Behandlung von Alkoholabhängigen durch das Modell der Veränderungsphasen von Prochaska und DiClemente (1986) erhalten. Während traditionellerweise Abstinenz- und Behandlungsmotivation als Voraussetzung für eine Suchtbehandlung gesehen wurde, stellt mittlerweile Motivationsarbeit einen zentralen Teil des gesamten Behandlungsprozesses dar. Prochaska und DiClemente (1986) haben diesbezüglich vier Veränderungsphasen in der Suchtbehandlung unterschieden, bei deren Übergang jeweils spezifische Motivationshürden zu überwinden sind. Danach haben Alkoholabhängige unterschiedliche Ausgangssituationen hinsichtlich ihres Problembewußtseins, ihrer Bereitschaft zur Alkoholabstinenz und zur Therapie.

Motivation nicht Voraussetzung sondern Teil der Behandlung

4 Veränderungsphasen von Prochaska & DiClemente (1986)

Die 4 Veränderungsphasen von Prochaska & DiClemente

Precontemplation: Der Betroffene sieht keinerlei Anlaß seinen Alkoholkonsum zu verändern, lediglich Angehörige oder Kollegen machen sich Sorgen. Oftmals hat er in seinem hohen Konsum von Alkohol in Übereinstimmung mit seiner Umwelt lange Zeit lediglich eine harmlose

**Precon-
templation:
Der
Betroffene
sieht
keinen
Anlaß
seinen
Alkohol-
konsum zu
verändern**

Angewohnheit gesehen und dabei nicht bemerkt, daß sich hieraus mit der Zeit eine Abhängigkeit entwickelt hat. Später sträuben sich viele Alkoholabhängige mit einer für Außenstehende unbegreiflichen Hartnäckigkeit dagegen, sich ihr Suchtproblem einzugestehen. Sie fühlen sich in ihrem Selbstgefühl derart bedroht, daß sie solange irgend möglich die Augen vor der Tatsache ihrer Abhängigkeit verschließen. Durch immer geschicktere Abwehrmechanismen versuchen viele Betroffenen statt dessen, sich selbst und ihre Umwelt weiter von der Harmlosigkeit ihres Alkoholkonsums zu überzeugen.

**Contem-
plation:
Der
Betroffene
setzt sich
mit seinem
Alkohol-
konsum
kritisch
auseinan-
der**

Contemplation: Der Betroffene beginnt, sich mit seinem Alkoholkonsum kritisch auseinanderzusetzen. Allerdings bedeutet die wachsende Einsicht noch keine konkrete Veränderungsbereitschaft. Im Vordergrund stehen vielmehr zunächst Abwägungsprozesse, in deren Verlauf der Betroffene entscheidet, wie er sich in Zukunft verhalten möchte, welche Veränderungsschritte er gegebenenfalls vornehmen will und schließlich welche Hilfestellungen er hierfür in Anspruch nehmen wird. Hierbei geht es um vielfältige Kosten-Nutzen-Analysen. Den Betroffenen beschäftigen z.B. Fragen wie die Möglichkeit von Kontrolliertem Trinken, die Notwendigkeit einer körperlichen Entgiftung, die Dauer und Art einer möglichen Entwöhnungsbehandlung sowie schließlich die Entwicklung persönlicher Therapieziele. Infolge aufkommender Schuld- und Versagensgefühle besteht immer wieder die Versuchung, sich der belastenden Selbstreflexion durch vorschnelle oder oberflächliche Lösungsversuche zu entziehen.

**Action: Der
Betroffene
verändert
sein
Trink-
verhalten**

Action: Der Betroffene hat einen ernsthaften Abstinenzvorsatz gefaßt bzw. strebt konkrete Veränderungen seines Alkoholkonsums an und versucht nun, dies auch in die Tat umzusetzen. Durch Versuchs-Irrtumslernen oder die Unterstützung von professionellen oder nichtprofessionellen Helfern gilt es, persönlich geeignete Veränderungsstrategien zu entwickeln. Mißerfolge oder Durstrecken stellen hierbei die Veränderungsabsichten des Betroffenen immer wieder auf eine harte Probe.

**Mainte-
nance: Der
Betroffene
versucht
seine
Abstinenz
zu stabili-
sieren**

Maintenance: Patienten in dieser Veränderungsphase haben bereits konkrete Abstinenzversuche gestartet, sehen sich aber immer wieder mit belastenden Versuchungssituationen konfrontiert. Auch bei kleineren Rückfällen ist ihre Abstinenzzuversicht bedroht. Zusätzlich wird die Situation durch Mißtrauen bzw. Resignation ihrer Bezugspersonen belastet.

**Notwendig-
keit von
phasen-
gerechtem
Therapeu-
tenverhalten
und Inter-
ventionen**

Auch wenn insbesondere die hierarchische Abfolge der oben genannten Veränderungsphasen in empirischen Studien nicht einheitlich nachgewiesen werden konnte, so konnte doch gezeigt werden, daß die einzelnen Phasen von jeweils unterschiedlichen psychischen Prozessen und Handlungsweisen auf Seiten der Patienten gekennzeichnet sind, die ein entsprechend phasengerichtetes Therapeutenverhalten und spezifische Interventionsformen erfordern.

2.5 Abstinenz oder Kontrolliertes Trinken?

Zu diesem Thema wird seit langem eine sehr heftige, teilweise auch polemische und unsachliche Kontroverse geführt. Wissenschaftlich ist die Frage, ob Alkoholabhängige mit Hilfe einer entsprechenden Behandlung wieder zu einem kontrollierten Trinkstil zurückführen können, bis heute nicht eindeutig zu entscheiden: Einerseits wurden eine Vielzahl von sorgfältig durchgeführten Studien aus verschiedenen Ländern vorgelegt, die genau dies gezeigt haben, weswegen zum Beispiel in einigen skandinavischen Ländern und in Kanada Kontrolliertes Trinken ein akzeptiertes Therapieziel in der Behandlung von Alkoholabhängigen darstellt. Andererseits konnte in tierexperimentellen Studien ein sog. „Point-of-no-return" bei alkoholabhängigen Ratten gefunden und mit entsprechenden neurophysiologische Korrelaten in Verbindung gebracht werden.

Unsachliche Kontroverse

Widersprüchliche Forschungsergebnisse

Für den deutschen Sprachraum kann gesagt werden, daß Kontrolliertes Trinken aus einer Reihe von Gründen kein realistisches Therapieziel für die Behandlung von Alkoholabhängigen darstellt:

Kontrolliertes Trinken als Therapieziel in Deutschland unrealistisch

- der Therapieauftrag der Leistungsträger sieht dauerhafte Abstinenz als einziges Therapieziel vor,

- alle Selbsthilfegruppen für Alkoholabhängige orientieren sich am Abstinenzparadigma,

- ein Nebeneinander von Kontrolliertem Trinken und Abstinenzorientierung ist in stationären Entwöhnungseinrichtungen nicht praktikabel.

Außerdem sei darauf hingewiesen, daß Kontrolliertes Trinken kein unbefangenes Trinken wie früher bedeutet, sondern ein stark reglementiertes und diszipliniertes Verhalten darstellt.

3 Diagnostik und Indikation

Bei der Durchführung der diagnostischen Untersuchungen ist zu berücksichtigen, daß Alkoholabhängige in der Regel nicht aus eigener Motivation Hilfe suchen. Meist treiben sie körperliche Probleme oder erheblicher Außendruck durch Arbeitgeber oder Bezugspersonen. Der Therapeut kann insofern nicht damit rechnen, daß ihm der Patient bereitwillig Auskunft gibt und seinen Ratschlägen folgt. Statt dessen stellt bereits der Diagnostikpro-

In der Regel fremdmotivierte Patienten

zeß einen entscheidenden Motivierungsversuch dar, von dessen Erfolg es abhängt, ob überhaupt eine Behandlung erfolgen wird. Es geht neben der Informationsgewinnung somit in erster Linie darum, den Betroffenen im Verlauf der Untersuchungen die Erfahrung machen zu lassen, daß es sich für ihn lohnt, offen mit dem Therapeuten über seine Alkoholprobleme zu sprechen.

3.1 Erstkontakt

3.1.1 Umgang mit Begleitpersonen beim Erstkontakt

**Einwilli-
gung des
Patienten
einholen**

Es ist sicherlich wünschenswert, daß Angehörige den Patienten beim Erstgespräch begleiten. Andererseits ist zu berücksichtigen, daß sich der Patient dadurch befangen, unter Zwang oder gedemütigt fühlen kann. Der Therapeut sollte mit dem Patienten abklären, welche Teile des Gespräches er in Anwesenheit der Begleitpersonen führen möchte.

**Nachein-
ander alle
Beteiligten
zu Wort
kommen
lassen**

Falls Angehörige beim Gespräch anwesend sind, sollte immer klar sein, wen man gerade anspricht. *Nacheinander* sollten alle Beteiligten zu Wort kommen:

**Wider-
sprüche
entpatholo-
gisieren**

„Zunächst würde mich interessieren, wie Sie als Betroffener das erlebt haben ... Jetzt würde mich interessieren, wie Sie als Partner das sehen ....“ *Uneinigkeit der Beteiligten oder Widersprüchen in den Aussagen sollten durch den Therapeuten mit dem Hinweis entschärft werden, daß unterschiedliche Sichtweisen und Erlebnisweisen normal sind und keinerlei Einigungsnotwendigkeit besteht:* „Das ist ja ganz natürlich, daß Sie die Dinge etwas unterschiedlich erlebt haben. Machen Sie sich darüber bitte keine Sorgen.“ *Notfalls sollte der Therapeut eher mit dem Patienten als mit den Angehörigen koalieren.*

3.1.2 Gesprächsstrategie

**Beziehungs-
aufbau ist
vorrangig**

Insgesamt dient das Erstgespräch vor allem dem Aufbau einer positiven Beziehung und der Abklärung primärer medizinischer oder sozialer Versorgungsnotwendigkeiten (z.B. offene Strafverfahren, finanzielle Probleme, drohende Wohnungskündigung oder berufliche Entlassung). Suchtspezifische Informationen sollten zwar gesammelt werden, aber niemals auf Kosten der Beziehung. Der Schwerpunkt der therapeutischen Interaktion liegt auf vier Aspekten (siehe auch Karte „Hinweise für Erstkontakt“ im Anhang):

38

- *Verständnis zeigen*

Verständnis zeigen

> „Würde mir auch so gehen."
>
> „Das muß ja eine schreckliche Enttäuschung für Sie gewesen sein..."
>
> „Es ist sicher nicht einfach, sich so im Detail zu erinnern ..."

Suchtpatienten schämen sich häufig wegen ihres „selbstverschuldeten", gesellschaftlich stigmatisierten Problems und werden von Behandlern oft sehr schnell in Richtung von spezifischen Suchtideologien indoktriniert. Hieraus entsteht schnell Widerstand und ein sinnloses Tauziehen zwischen Patient und Therapeut über das tatsächliche Ausmaß seiner Alkoholprobleme.

Es geht im Erstgespräch statt dessen darum, sich in die Erlebniswelt des Patienten hineinzuversetzen und sich auf seine Sprache und Denkweise einzustellen. Auch unglaubhafte Äußerungen des Patienten sollten an dieser Stelle nicht hinterfragt, sondern vom Therapeuten registriert und notiert werden, um hierzu zu einem späteren Zeitpunkt in der Behandlung Stellung nehmen zu können.

- *Kompetenz vermitteln*

Kompetenz vermitteln

> „Viele Patienten berichten auch, daß..."
>
> „Kommt es auch vor, daß ...?"

Nur wenn der Therapeut den Eindruck vermittelt, daß er sich über Alkoholprobleme auskennt, kann ein Patient Hoffnung und Vertrauen in die Behandlung entwickeln. Dies ist bei Suchtpatienten gerade aufgrund der oftmals bereits gescheiterten Therapieerfahrungen wichtig. Es empfiehlt sich daher, sich mit den typischen Symptomen und körperlichen Folgeerkrankungen einer Alkoholabhängigkeit sowie dem regional unterschiedlichen Jargon von Alkoholabhängigen vertraut zu machen.

- *Entpathologisieren*

Entpathologisieren

> „Ich bin beeindruckt, wie klar und offen Sie das alles berichten."
>
> „Das ist ganz normal, daß Sie sich im Moment nicht so genau erinnern können."
>
> „Die meisten Patienten haben äußerst gemischte Gefühle gegenüber der Behandlung."

Es geht hierbei darum, die „gesunden" bzw. „normalen" Anteile der Patienten anzusprechen, um der häufigen Demoralisierung von Suchtpatienten entgegenzuwirken und statt dessen ihre Selbstwirksamkeitsüberzeugung und ihre Hoffnung auf einen Therapieerfolg zu erhöhen. Allerdings sollte hiermit keine Verharmlosung des Suchtgeschehens angedeutet werden, weil der Patient dies schnell als mangelnde Kompetenz des Therapeuten mißverstehen könnte. Insofern sollte der Therapeut auch nicht einfach die kausalen Erklärungsmuster des Patienten für sein Suchtverhalten als Therapeut selbst übernehmen, sondern lediglich zu Kenntnis nehmen.

- *Primäre medizinische und soziale Versorgungsnotwendigkeiten erkennen*

Primäre medizinische und soziale Versorgungs-notwendigkeiten erkennen

> „Werden Sie Entzugserscheinungen bekommen?"
>
> „Ist denn Zuhause soweit alles geregelt, während Sie hier sind?"
>
> „Gibt es Sorgen, die es Ihnen schwer machen, sich überhaupt auf eine Therapie einzulassen?"

Die Klärung medizinischer bzw. sozialer Probleme hat Priorität, weil sich der Patient sonst überhaupt nicht auf die Therapie konzentrieren kann und das suchttherapeutische Angebot in diesem Fall als nicht wirklich relevant für seine Situation empfindet.

Andererseits sollte sich der Therapeut nicht in unrealistische Aktivitäten stürzen und alles für den Patienten „managen" wollen. Vielmehr geht es darum, Verständnis für die Situation des Patienten zu äußern und gemeinsam nach möglichen Auswegen zu suchen.

3.1.3 Umgang mit intoxikierten Patienten im Erstkontakt

Ausführliches Erstgespräch mit intoxikierten Patienten nicht sinnvoll

Falls ein Patient im Erstgespräch erheblich intoxikiert ist, sollte der Therapeut seinen Zustand verständnisvoll entpathologisieren. Das Gespräch sollte nur so weit wie sinnvoll geführt und zügig der Kontakt zu einem Arzt eingeleitet werden. Es macht wenig Sinn, sich länger mit einem intoxikierten Patienten zu unterhalten, da er sich nüchtern kaum noch an die Gesprächsinhalte erinnern wird. Das Erstgespräch sollte in diesem Fall zu einem späteren Zeitpunkt nachgeholt werden:

> „Daß Sie hier heute unter Alkohol erschienen sind, ist ganz normal. Bei etwa einem Drittel aller Patienten ist dies beim Erstkontakt der Fall. Sie brauchen sich deswegen keine Sorgen zu machen, ganz im Gegenteil, ich weiß es sehr zu würdigen, daß Sie heute hier erschienen sind, obwohl Sie stark angetrunken sind.
>
> Trotzdem muß ich Sie enttäuschen. Es macht unter diesen Umständen keinen Sinn, daß wir uns länger unterhalten, weil Sie sich später an unser Gespräch nüchtern kaum erinnern werden. Ich bin gern bereit, Ihnen zu helfen und daher sehr daran interessiert, mehr von Ihnen zu erfahren, aber wir müssen unser Gespräch auf einen Zeitpunkt vertagen, an dem Sie nüchtern sind
>
> Die Frage ist somit, wie können Sie nüchtern werden?"

40

Während eine Ausnüchterung im Rahmen einer stationären Behandlung kein Problem darstellen dürfte, kann dies bei einer ambulanten Behandlung bereits Gegenstand gemeinsamer Überlegungen sein.

3.2 Medizinische Untersuchung

Neben der Bestimmung der sog. „Alkoholmarker" (vgl. Kapitel 1.8.1) ist eine gründliche medizinische Untersuchung eines Alkoholabhängigen zu Behandlungsbeginn erforderlich, um z.B. die Notwendigkeit folgender medizinischer Behandlungen abklären zu können:

Gründliche medizinische Untersuchung zu Behandlungsbeginn erforderlich

– Einleitung einer Entgiftungsbehandlung

– Medikamentöse Anfallsprophylaxe

– Stabilisierung von Leber- und Pankreaserkrankungen

– Einstellung von Diabetes

– Medikamentöse Behandlung von Bluthochdruck

Vermeidung von Medikamentenabhängigkeit
Aufgrund von Kreuztoleranzprozessen haben Alkoholabhängige ein erhöhtes Risiko, auch von Medikamenten mit Suchtpotential (v.a. Beruhigungsmittel, Schlafmittel, Schmerzmittel, Aufputschmittel und Appetit-Zügler sowie Medikamente mit Alkohol) abhängig zu werden. Alkoholabhängige sollten diese Medikamente daher nur im äußersten Notfall und unter strengster Kontrolle eines Arztes einnehmen. Keinesfalls sollten Alkoholabhängigen diese Medikamente im ambulanten Setting verschrieben werden, um sie „bei Bedarf" zu nehmen.

Kreuztoleranz bei Beruhigungsmitteln, Schlafmitteln, Schmerzmitteln und Aufputschmitteln

3.3 Strukturierte Interviews

Zur systematischen Erhebung des Alkoholkonsums und seiner sozialen und psychischen Folgen ist die Durchführung des Suchtmoduls des DIA-X Interviews oder des ASI (vgl. Kapitel 1.8.2) empfehlenswert. Außerdem ist angesichts der hohen Komorbiditätsrate bei Alkoholabhängigen die Durchführung eines strukturierten Interviews zur Erfassung psychischer Störungen zu Behandlungsbeginn dringend indiziert. Hierfür stehen beispielsweise das DIPS (Margraf et al., 1995), DIA-X Interview (Wittchen & Pfister, 1997) und SKID (Wittchen et al., 1997) zur Verfügung. Die Durchführung dieser Interviews bedarf teilweise eines Trainings der Interviewer.

Systematische Erhebung des Alkoholkonsums

Untersuchung von Komorbidität

3.4 Einsatz von klinischen Fragebögen

Es empfiehlt sich, zur weiteren diagnostischen Abklärung Alkoholabhängigen eine Reihe von Fragebogen vorzugeben. Die Fragebogen können teilweise auch zur Veränderungsmessung herangezogen werden.

Beispielhafte Standarddiagnostik für Alkoholabhängige	
Fragestellung	Instrument
Abhängigkeitssyndrom	MALT (Feuerlein et al., 1979)
Abhängigkeitstyp	TAI (Funke et al., 1987)
Trinksituationen	IDTSA (Lindenmeyer & Florin, 1998)
Bevorzugte Alkoholwirkung	FFT (Berlitz-Weihmann & Metzler, 1997)
Abstinenzzuversicht	KAZ-35 (Körkel & Schindler, 1996)
Veränderungsphase	SOKRATES (Wetterling & Veltrup, 1997)
Psychosoziale Folgen des Trinkens	ASI (Gsellhofer et al., 1999)
Medikamentenabhängigkeit	KFM (Watzl et al., 1991)
Körperliche Beschwerden	SCL-90 (Franke, 1995)
Soziale Ängste	U-Frbg (Ullrich & Ullrich, 1976)
Depressivität	BDI (Hautzinger et al., 1995)
Eßverhalten	FEV (Pudel & Westhofer, 1990)
Partnerschaftsprobleme	FPD (Hahlweg, 1996)
Streßbewältigungsstrategien	SVF (Janke et al., 1997)
Soziale Unterstützung	FZSU (Fydrich et al., 1987)
Aggressivität	FAF (Hampel & Selg, 1975)

3.5 Indikationsstellung

Bislang sind keine allgemein akzeptierten und v.a. empirisch abgesicherten Indikationskriterien für eine bestimmte Form der Behandlung von Alkoholabhängigen vorhanden. Die Beantwortung der *Indikationsfragen* auf der Karte im Anhang kann somit nur pragmatischer Natur sein.

3.5.1 Indikationskriterien für eine stationäre Behandlung

Stationäre Behandlungen bieten im allgemeinen ein umfassenderes und intensiveres Therapieprogramm als ambulante Therapien und ermöglichen gleichzeitig eine stärkere Entlastung von beruflichen und familiären Alltagsproblemen. Sie entlasten auch kurzfristig das soziale Stützsystem des Betroffenen. Eine stationäre Entwöhnungsbehandlung erscheint insbesondere angezeigt bei:

– behandlungsbedürftiger Komorbiditätsstörung,

– schwerer kognitiver Beeinträchtigung,

- Therapieabbruch bei früherer ambulanter bzw. stationärer Behandlung,
- wiederholten Rückfällen bei ambulanten Behandlungsversuchen,
- fehlendem sozialen Stützsystem / mangelnder sozialer Integration,
- alkoholgeprägtem Umfeld,
- behandlungsbedürftigen körperlichen Folgeerkrankungen.

Gegebenenfalls können hierbei die folgenden Items der Checklist for Assessment of the Severity of Ethanol Dependency (CASE), zitiert nach Wetterling & Veltrup (1997), herangezogen werden:

Checklist for Assessment of the Severity of Ethanol Dependency (CASE)		
	Ja=1	Nein=0
Craving im Entzug		
Alkoholbedingte Leberschädigung		
Sonstige körperliche Alkoholfolgeschäden		
Neurologische Alkoholfolgeschäden		
Psychische Alkoholfolgeschäden		
Arbeitslos		
Wohnungslos		
Alleinstehend		
Alter < 40		
Kontrollverlust (anfallsartiges Trinken)		
Morgendliches Trinken		
Positive Erwartungen an Alkohol		
Abstinenzmotivation fehlt		
Behandlungsbedürftige psychische Störung		
CASE-B:		
Kognitive Störung oder Minderbegabung		
Mißbrauch von Drogen oder Medikamenten		
Lebt in alkoholgefährdetem Milieu		

Auswertung: Über 15 Punkte: stationäre Behandlung empfehlenswert; CASE-B > 0: stationäre Behandlung dringend empfehlenswert

Indikationsstellung für stationäre Behandlung durch CASE

Von Zemlin wurde mit dem Indikations- und Prognoseinventar zur Alkoholismustherapie (IPA) ein Instrument mit 40 Variablen vorgestellt und empirisch validiert (Zemlin & Herder, 1994), in dem die Schwere der Abhängigkeit, körperliche Probleme, psychische Probleme, soziale Stabilität, Veränderungsmotivation und Compliance bei der Bestimmung der erforderlichen Dauer einer stationären Entwöhnungsbehandlung Berücksichtigung finden.

Bestimmung der erforderlichen Dauer von stationärer Behandlung durch IPA

3.5.2 Indikationskriterien für eine ambulante Behandlung

Niedrig-
schwellig-
keit und
Einbe-
ziehungs-
möglichkeit
von
Bezugs-
personen

Der Vorteil einer ambulanten Behandlung liegt in ihrer Niedrigschwellig-
keit, der leichteren Einbeziehungsmöglichkeit von Bezugspersonen und in
den geringeren Behandlungskosten. Eine ambulante Behandlung erscheint
besonders geeignet, wenn

- der Patient über ein stabiles soziales Stützsystem verfügt, das im Rahmen einer ambulanten Behandlung in die Abstinenzbemühungen miteinbezogen werden kann,

- der Patient sich in einem Arbeitsprozeß befindet, der durch die Behandlung nicht unterbrochen werden soll,

- eine längere Abwesenheit des Betroffenen in der Familie nicht möglich
  ist (z.B. wegen der Versorgung von Kindern oder Angehörigen),

- eine gezielte Bewältigung konkreter Trinksituationen im Zentrum der
  Behandlung stehen soll.

3.5.3 Berücksichtigung der Veränderungsphase bei der Indikationsstellung

2-dimen-
sionales
Modell der
Therapie-
individua-
lisierung

Bei der Auswahl des Therapiesettings und der Therapieschwerpunkte sollte neben den individuellen Problembereichen eines Patienten immer auch
die Veränderungsphase hinsichtlich seiner Bewältigungsbemühungen Berücksichtigung finden, so daß sich insgesamt ein zwei-dimensionale Modell der Therapieindividualisierung (vgl. Abb. 13) ergibt.

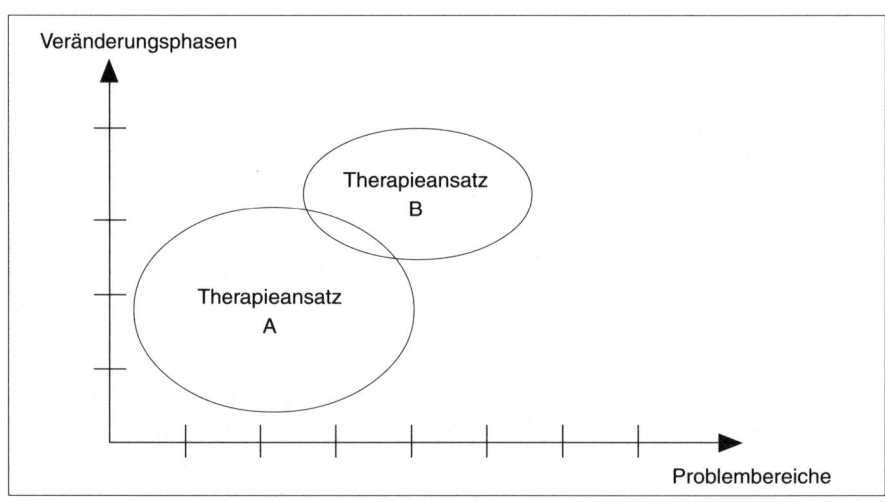

Abbildung 13:
Zweidimensionale Differenzierungsmöglichkeit von Therapieangeboten im Suchtbereich

Beispielsweise benötigen Patienten in der Precontemplationphase, die sich erstmals einer Behandlung unterziehen, ein anderes therapeutisches Setting als Patienten in der Maintenancephase, die nach einem Rückfall erneut in Behandlung sind:

Erstbehandlung	Rückfallbehandlung
– Akzentuierung von Suchtverhalten und Abstinenzgebot	– Entdramatisierung von Rückfällen
– Herausarbeiten von Problembereichen bzw. Persönlichkeitsstörungen	– Entpathologisieren der Betroffenen
– suchtmittelfreie Zone / Schutzraum	– Exposition in vivo
– Breitbandtherapie	– minimale Intervention

3.6 Rückmeldung der Diagnostikergebnisse und Vermittlung der Indikationsentscheidung durch den Therapeuten

Eine gezielte und qualifizierte Rückmeldung der Diagnostikergebnisse stellt eine wichtige und effektive Intervention bei der Motivierung von Alkoholabhängigen dar (siehe auch Karte „Rückmeldung der Diagnostikergebnisse" im Anhang). Der Therapeut sollte hierbei lange und komplexe Ausführungen vermeiden, sondern auf einfache Formulierungen und logische Stringenz der Erklärungen achten. Er sollte insbesondere auf Skepsis oder Einwände des Patienten eingehen.

3.6.1 Rückmeldung allgemeiner Diagnostik-Ergebnisse

Der Therapeut beginnt mit der Rückmeldung in Bezug auf mögliche psychische oder körperliche Problembereiche des Patienten (z.B. *„Zunächst habe ich geprüft, ob es irgendein Problem gibt, das Ihre Alkoholprobleme erklären würde und somit vorrangig zu behandeln wäre"*). Es geht dabei darum, die z.T. sehr vielschichtige individuelle Problematik eines Patienten glaubhaft auf den Ansatz einer Abhängigkeitsbehandlung zu konzentrieren (vgl. Abb. 14).

Dieser Punkt ist wichtig, damit

– der Patient das Gefühl bekommen kann, daß eine abstinenzorientierte Suchtbehandlung seiner Situation und seiner Problematik überhaupt gerecht wird.

– die Demoralisierung des Patienten durch eine Reduktion der Komplexität seiner Problematik verringert wird und statt dessen positive Veränderungserwartung und Selbstwirksamkeitsüberzeugung entstehen können.

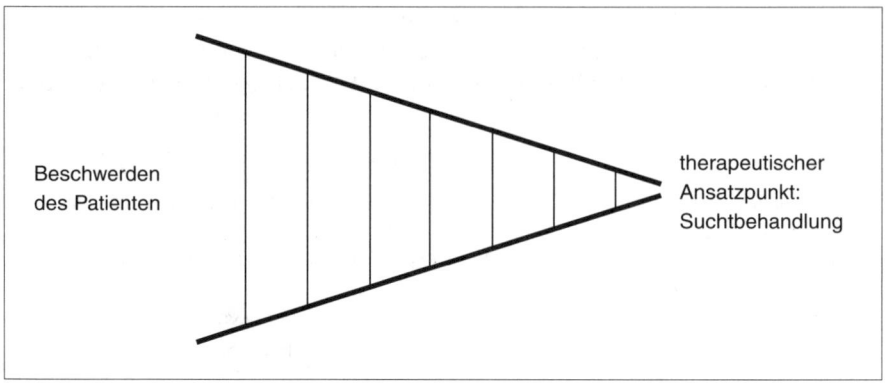

Abbildung 14:
Rückmeldung allgemeiner Diagnostikergebnisse

– die Therapieerwartungen des Patienten realistisch bleiben. Gegebenenfalls ist mit dem Patienten herauszuarbeiten, daß Abstinenz keinen Zustand ohne jegliche Probleme bedeutet, sondern daß bestimmte persönliche Schwierigkeiten möglicherweise weiterbestehen, abstinent aber wesentlich besser bewältigt werden können.

Zusammenhang zwischen Alkoholabhängigkeit und weiteren Problemen spezifizieren

Nach Möglichkeit ist eine Aneinanderreihung mehrerer Diagnosen zu vermeiden, sondern eine der folgenden vier Rückmeldungen zu wählen:

Beruhigung: „alles normal"

„Ich kann Sie beruhigen, trotz gründlicher Überprüfung haben wir keinerlei zugrundeliegende Störung finden können. Alle Ihre Untersuchungsergebnisse sind vollkommen normal. Vielleicht hatte zwar die Entstehung Ihrer Abhängigkeit mit bestimmten Problemen zu tun, Ihr gegenwärtiges Trinkverhalten steht damit aber mit Sicherheit nicht mehr in Zusammenhang. Auch körperlich ist alles so weit in Ordnung, und schließlich ist Ihre soziale Situation (Arbeitsplatz, Wohnung und Finanzen) stabil. Wir können uns also in der Behandlung auf Ihr Alkoholproblem konzentrieren."

Probleme als Folge der Sucht

„Man kann anhand der Ergebnisse unserer Untersuchungen sehr deutlich sehen, wie stark Sie gegenwärtig unter ... leiden. Solche Schwierigkeiten sind bei Alkoholproblemen sehr häufig, auf die Dauer sogar fast unvermeidlich. Insofern sollten wir den Schwerpunkt der Behandlung auf Ihr Alkoholproblem legen, weil sich nur dadurch Chancen bieten, Ihre anderen Probleme zu lösen. Bei ... besteht aus meiner Sicht die berechtigte Hoffnung, daß die Dinge bei Abstinenz wieder von selbst ins Lot kom-

46

men. Bei ... können wir Ihnen im Rahmen der Therapie zusätzliche Hilfe anbieten."

Alkohol als Problemlöser für ...

„Ein häufiger Anlaß für Ihren Alkoholkonsum ist sicherlich Ihr ... Problem. Die Ergebnisse unserer Untersuchungen zeigen sehr deutlich, wie stark Sie unter ... leiden. Ein Schwerpunkt der Behandlung müßte also darauf liegen, wie Sie mit genau dieser Situation künftig anders umgehen können, als immer wieder zum Alkohol zu greifen."

unabhängig von Alkohol bestehendes Problem

„Bei unserer Untersuchung ist deutlich geworden, daß Sie höchstwahrscheinlich unabhängig von Ihren Alkoholkonsum unter ... leiden. Wir müßten also in Ihrer weiteren Behandlung zweigleisig fahren."

3.6.2 Rückmeldung vorläufiger Suchtdiagnostik-Ergebnisse

Insbesondere folgende Informationen können geeignet sein, um eine kritische Selbstreflexion des Patienten hinsichtlich seines Alkoholkonsums anzustoßen bzw. zu bestärken:

– In welcher Hinsicht unterscheidet sich der Alkoholkonsum des Patienten von einem harmlosen, sozial integriertem Alkoholkonsum?

– Welche negativen Auswirkungen gesundheitlicher oder sozialer Art sind durch den Alkoholkonsum bereits eingetreten?

– Welche Indizien sprechen für das Vorliegen einer Alkoholabhängigkeit?

Hauptanliegen ist es, dem Patienten ein Abhängigkeitsmodell zu vermitteln, das anstelle einer einheitlichen, von der Normalität klar abgrenzbaren Krankheit („Bin ich Alkoholiker oder nicht?") das Konzept einer „individuellen Abhängigkeit" akzentuiert („In welchen Momenten bin ich versucht, Alkohol zu trinken und in welchen nicht?") (vgl. Abb. 15). **Individuelle Abhängigkeit erläutern**

Hierzu können insbesondere die Ergebnisse des TAI, IDTSA, KAZ-35 und des FFT zusammen mit den Angaben des Patienten zu einem optischen Risikoprofil im Form eines Balkendiagramms (vgl. Abb. 16) zusammengefügt werden.

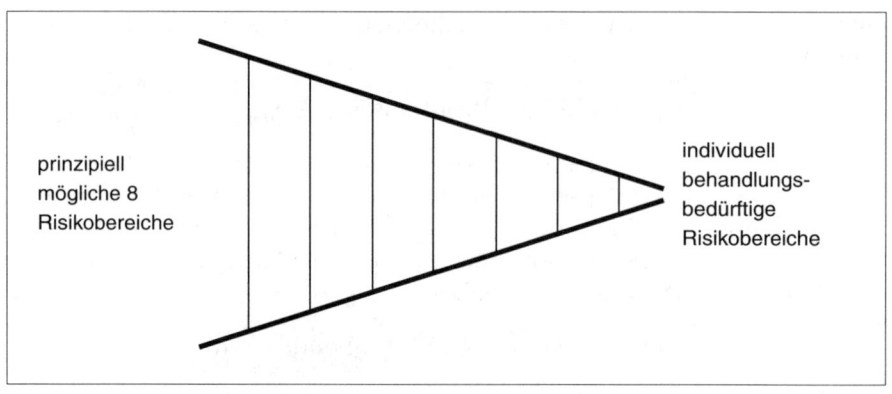

Abbildung 15:
Rückmeldung suchtspezifischer Diagnostikergebnisse

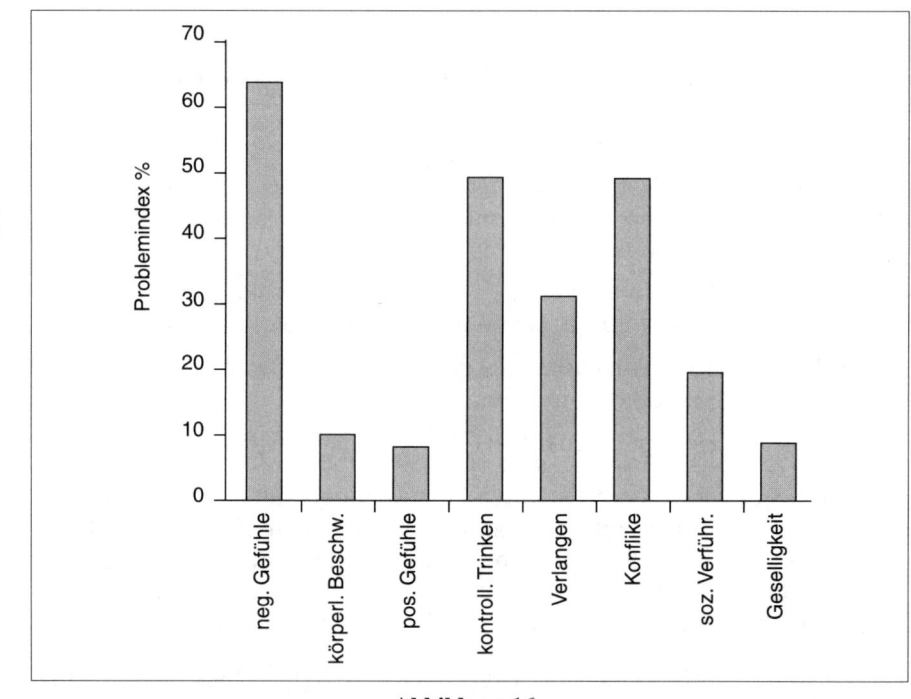

Abbildung 16:
Beispiel für das Rückfallrisikoprofil eines Alkoholabhängigen

Günstig ist dabei ein möglichst differenziertes Risikoprofil des Patienten mit wenig-problematischen Bereichen und hoch-problematischen Bereichen. In diesem Fall wird deutlich, auf welche Aspekte sich die Behandlung individuell konzentrieren kann. Gleichzeitig wird die Selbstwirksamkeitsüberzeugung des Patienten durch die eher problemlosen Bereiche gestärkt.

„Heute weiß man einfach mehr über Suchtprobleme: Alkoholabhängige trinken nicht immer gleich, sondern in persönlich typischen Trinksituationen. D.h., es gibt bei jedem Abhängigen Situationen, in denen es ihm eher leicht fällt, nicht zu trinken, und Situationen, in denen dies sehr schwer ist. Die Frage war nun, welches sind Ihre typischen Trinksituationen? Ich habe das in dieser Abbildung in acht Risikobereiche unterteilt. Ihre typischen Trinksituationen sind z.B. ... D.h., die größte Trinkwahrscheinlichkeit besteht bei Ihnen, wenn Sie zum Beispiel ....*(einzelne Auslösesituationen bzw. Trinkmotive benennen)*. Dagegen wird es Ihnen wahrscheinlich eher leicht fallen, auf Alkohol zu verzichten, in den Bereichen ... D.h., Sie haben weniger Probleme, wenn Sie z.B. ... *(konkrete Situationen benennen)*. Wenn sich dieser Trend in weiteren Untersuchungen bestätigt, könnten wir daher bei der Behandlung den Schwerpunkt gezielt auf die Bereiche ... legen. Die anderen Bereiche würden wir lediglich am Rande streifen.“

3.6.3 Erläuterung der individuellen Therapieindikation

Die Schlußfolgerungen aus der Rückmeldung zur Suchtproblematik für die weitere Behandlungsplanung sind jeweils anders akzentuiert je nachdem, in welcher Veränderungsphase der Patient sich hinsichtlich seiner Abstinenzbemühungen befindet.

Therapeutische Schlußfolgerung an Veränderungsphase des Patienten orientieren

- *Precontemplation*

Bei Patienten in der Precontemplationphase geht es bei der Rückmeldung der suchtspezifischen Diagnostik darum, die Diskrepanz zwischen Selbst- und Fremdwahrnehmung des Patienten zu markieren. Zur Vermeidung von Reaktanz bzw. interaktionellem Widerstand sollten bei Widerspruch des Patienten allerdings keine weiteren Überzeugungsversuche gemacht werden. Statt dessen sollte man als Therapeut Verständnis für die Reaktion des Patienten zeigen und den Dissens zwischen Selbst- und Fremdeinschätzung des Patienten mit Hilfe der „Eisberg“-Metapher (vgl. Abb. 17) explizit entpathologisieren:

Precontemplation: Diskrepanz zwischen Selbst- und Fremdwahrnehmung

„Ich kann Sie beruhigen: Solche Unterschiede zwischen Selbsteinschätzung auf der einen und Untersuchungsergebnissen bzw. Fremdeinschätzungen auf der anderen Seite sind bei Alkoholproblemen überhaupt nichts Ungewöhnliches. Sehr viele der Betroffenen haben das Gefühl, daß ihnen etwas aufgedrängt wird, ja daß sie sogar zur Behandlung durch ihre Umwelt erpreßt wurden. Und dazu haben sie auch allen Grund. Wir leben nämlich in einer Gesellschaft mit einem sehr hohen Alkoholkonsum *(als Wasserspiegel einzeichnen)*. Aber nicht nur das, dazu kommt noch, daß es in unserem Land keine klaren Regeln gibt, wieviel Alkohol man trinken kann/

Eisberg-Metapher

soll bzw. wann es genug ist. Je nachdem wen man fragt und in welcher Situation man sich gerade befindet, wird man zu diesem Punkt ganz unterschiedliche Meinungen hören *(1-2 für den Patienten relevante Extrembeispiele nennen)*. In unserem Bild bedeutet das, daß das Wasser trübe ist, hoher Wellengang und auch noch Nebel herrscht *(entsprechend zeichnen)*.

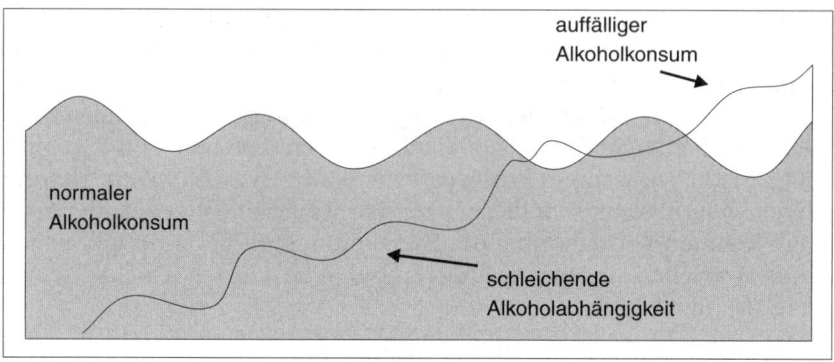

Abbildung 17:
Das Eisberg-Phänomen bei Alkoholabhängigkeit

Wenn nun jemand im Verlauf der Zeit schleichend eine Alkoholabhängigkeit entwickelt, dann verläuft der größte Teil dieser Entwicklung von ihm und seiner Umwelt unbemerkt sozusagen unter der Wasseroberfläche. Im Gegenteil, lange Zeit wird er in seinem Trinkverhalten von anderen sogar bestärkt werden. Erst ganz am Ende wird er dann, für ihn vollkommen überraschend, von seiner Umwelt plötzlich als Alkoholiker bezeichnet, bei dem alles anders und unnormal sein soll und der jetzt eine Behandlung machen soll. Kein Wunder, daß Sie, wie auch die meisten der Betroffenen, da die Welt nicht mehr verstehen."

Entsprechend benötigen die Patienten in der Precontemplationphase im weiteren Therapieverlauf v.a. Informationen, die es ihnen unter Wahrung ihres Selbstwertgefühls erlauben, ihre bisherige Einstellung zu Ihrem Alkoholkonsum aufzugeben. Sie benötigen gleichzeitig interaktionellen Freiraum, um sich selbst entscheiden zu können.

● *Contemplation*

Contemplation: Unterschied zwischen Einsicht und stabiler Veränderungsmotivation herausarbeiten

Für Patienten in der Contemplationphase geht es im weiteren Therapieverlauf in erster Linie darum, sie in ihrer kritischen Selbstreflexion gegenüber ihrem Suchtmittelkonsum zu bestärken und mit emotional „eindrucksvollen" Informationen zu versorgen, die ihre Kosten-Nutzen-Analysen in Richtung künftige Abstinenz gehen lassen. Gleichzeitig ist aber auch ihre Ambivalenz bezüglich möglicher Therapieziele und Veränderungsschritte zu entpathologisieren und ernstzunehmen, indem mit ihnen der Unterschied von Einsicht und stabiler Abstinenz- bzw. Veränderungsmotivation am Beispiel einer „Expedition" (Marlatt, 1985) herausgearbeitet wird:

50

„Ich bin beeindruckt davon, wie klar Sie Ihr Alkoholproblem sehen. Dazu gehört schon einiges an Zivilcourage. Man könnte sagen, Einsicht ist vorhanden, also brauchen Sie keine Therapie mehr. Denn noch mehr Einsicht ist ja schlichtweg nicht möglich. Das vertrackte bei Alkoholproblemen ist nur, daß man heute weiß, daß die Einsicht zu einem bestimmten Zeitpunkt nicht garantiert, daß jemand es auch schafft, dauerhaft abstinent zu bleiben. Ob Sie künftig trinken oder nicht entscheidet sich ja nicht einmal gewissermaßen am grünen Tisch, sondern jeweils immer wieder neu in jeder Versuchungssituation. Das ist so ähnlich wie bei einer Expedition: Die Schwierigkeiten, in denen man versucht sein wird wieder umzukehren, kommen ja erst unterwegs *(an Expeditions-Skizze erläutern, siehe Abb. 18)*. Immer wieder muß man unvorhergesehene Gefahren oder Unfälle meistern und Durststrecken überwinden.

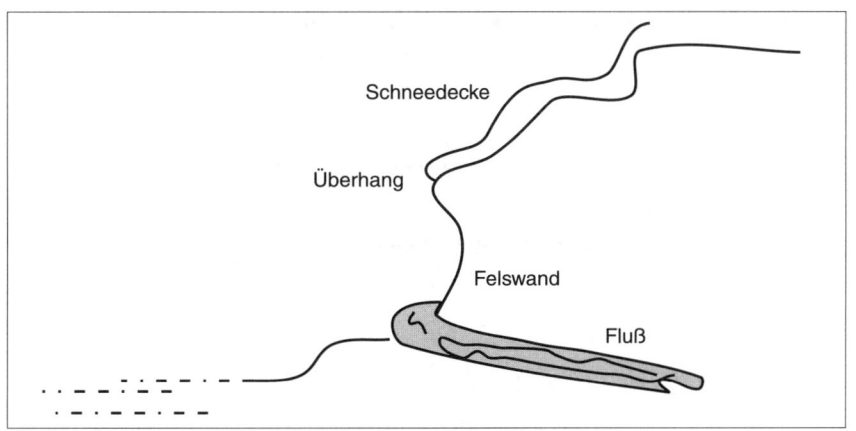

Abbildung 18:
Der nicht einfache Weg von den Suchtsümpfen auf den Freiheitsberg (Marlatt, 1985)

Viele Expeditionen scheitern daran, daß sich die Teilnehmer aus lauter Idealismus nicht ausreichend vorbereitet haben und völlig unrealistische Vorstellungen von ihrem Unternehmen hatten. Der Erfolg einer Expedition hängt somit entscheidend von der Qualität der Vorbereitung ab. Man braucht zuverlässige Landkarten, die richtige Ausrüstung, Notfallpläne und v.a. ein gezieltes Training, um durchzuhalten.

Bei Alkoholabstinenz ist das ganz genau so. Viele Betroffene nehmen sich immer wieder vor, künftig auf Alkohol zu verzichten. Mangelnde Vorbereitung und zu oberflächliche Entscheidungsprozesse lassen sie aber schon bald wieder rückfällig werden. Wenn Ihr jetziger Abstinenzvorsatz also realistische Chancen haben soll, müßten wir versuchen, Sie möglichst gut auf schwierige Versuchungsmomente vorzubereiten, damit Sie Ihre heutige Einsicht auch unter widrigen Umständen konsequent in die Tat umsetzen können.“

- *Action*

Action:
Bewälti-
gung von
persönlich
Rückfall-
risiko-
situationen
als Be-
handlungs-
schwer-
punkt
herausar-
beiten

Die Rückmeldung der suchtspezifischen Diagnostik zielt bei Betroffenen in der Action-Phase darauf ab, die Betroffenen in ihrer Änderungsbereitschaft zu würdigen und gezielte Möglichkeiten der Veränderung, voraussehbare Schwierigkeiten sowie therapeutische Unterstützungsmöglichkeiten bei ihrer Überwindung aufzuzeigen. Zunächst sollte die Selbstdiagnose der Patienten bestätigt und möglichst viele beschämende/beunruhigende Details des Patienten als normale Aspekte einer Abhängigkeit entpathologisiert werden. Anstelle internal stabiler Zielvariablen wie Motivation, Charakter, Willen sollte die Steigerung von Bewältigungsfertigkeiten von persönlich relevanten Risikosituationen als Ansatzpunkt für eine Suchtbehandlung herausgestellt werden. Der Patient soll anhand des „Eisenbahnmodells" (vgl. Abb. 19, Schneider, 1982) begreifen, daß es bei der Entwicklung einer Abhängigkeit um ganz spezifische Situationen in seinem Leben ging, die nun einer zielgerichteten Veränderung bedürfen.

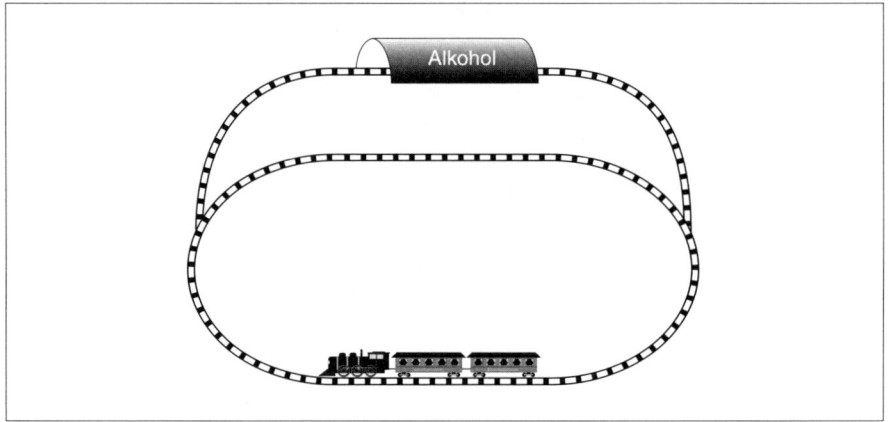

Abbildung 19:
Das Eisenbahnmodell der Alkoholabhängigkeit
(Schneider, 1982; aus Lindenmeyer, 1998)

„Was wir nun in der Therapie für Sie tun können, will ich Ihnen an folgendem Modell einer Eisenbahn erläutern. Nehmen wir an, immer wenn der Zug in den Tunnel fährt bedeutet das, daß eine Person in einer bestimmten Situation Alkohol trinkt. Immer wenn der Zug das Alternativgleis benutzt, bedeutet es, daß die Person in dieser Situation keinen Alkohol trinkt. Nun nehmen wir einmal an, ein Zug fährt jahrelang immer nur durch den Tunnel, d.h. eine Person trinkt in einer bestimmten Situation immer Alkohol, wie wird auf die Dauer das Alternativgleis aussehen? *(Patienten antworten lassen).* Richtig, das Alternativgleis wird allmählich immer mehr verrosten, es wird zuwachsen und immer mehr verschüttet werden.

Wenn nun der Zug weiter immer nur in den Tunnel fährt, wird irgendwann der Tag eintreten, wo das Alternativgleis überhaupt nicht mehr sichtbar ist. Der Zug sieht überhaupt keine Weiche mehr, sondern nur die blank gefahrenen Gleise, die in den Tunnel führen. Selbst wenn er gar nicht in den Tunnel fahren möchte, wird er es jetzt immer wieder tun, weil es für ihn keine Alternative mehr gibt.

Das ist genauso bei einer Abhängigkeit. Selbst wenn Sie sich in der Vergangenheit fest vorgenommen hatten, diesmal in einer bestimmten Situation nichts oder nur wenig zu trinken, haben Sie eben doch wieder getrunken, ohne selbst wirklich sagen zu können warum.

Was kann man nun in einer Therapie tun? Nun, zunächst muß man den Tunnel sperren, damit der Zug nicht weiter automatisch hineinfahren kann. Diesen Schritt haben Sie gemacht, indem Sie hierher gekommen sind. Als nächstes geht es darum, den Zug zurückzuschieben und die verdeckten Weichen zu suchen. Wenn wir darüber Einigkeit erzielt haben, welches die wichtigsten Weichen in Ihrem Fall sind, dann würde es im nächsten Schritt der Therapie darum gehen, das wiederentdeckte Alternativgleis wieder herzustellen und zu befahren. Im letzten Teil der Therapie würde es dann schließlich darum gehen, das Alternativgleis immer besser einzufahren, damit das alles wie Ihre zweite Haut wird und automatisch läuft, selbst wenn Sie mal unter starker Belastung stehen. Wir haben bereits angefangen, Ihre persönlichen Risikosituationen herauszufinden. Jetzt muß es darum gehen zu entscheiden, in welche Richtung exakt das beste Alternativgleis geht. Denn prinzipiell gibt es immer zwei Möglichkeiten im Umgang mit Risikosituationen:

– Man verändert sein Leben derart, daß man mit bestimmten Risikosituationen nicht mehr konfrontiert wird. Z.B. könnte jemand der hauptsächlich trinkt, wenn er mit seinen Kumpels in der Kneipe hockt, sich andere Freunde suchen.

– Man lernt, wie man diese Situationen bewältigt, ohne Alkohol oder Medikamente zu nehmen. Z.B. könnte diese Person lernen, auch beim Kneipenbesuch mit ihren Kumpels abstinent zu bleiben."

● *Maintenance*

Ziel der Rückmeldung der suchtspezifischen Diagnostik bei Patienten in der Maintenance-Phase ist es, anstelle eines Alles-oder-Nichts-Denkens („ich habe es geschafft vs. ich bin wieder rückfällig") Rückfälle als normalen Bestandteil eines längeren Ausstiegsprozesses zu vermitteln. Hierzu sollten die Patienten in ihren trotz eines Rückfalls bereits bestehenden Ressourcen bestärkt und die noch fehlenden Fähigkeiten situativ eingegrenzt werden. Hierfür kann die Metapher eines Konzertpianisten verwendet werden:

53

„Stellen Sie sich einen Konzertpianisten vor, der ein besonders schwieri-ges Stück einstudieren möchte. Nehmen wir an, er kann das Stück bereits ganz passabel spielen, aber es gibt eine bestimmte Stelle in diesem Stück, da haut es ihn immer raus. Was wäre nun die effektivste Art zu üben? Sie werden mir sicherlich recht geben, daß es unsinnig ist, daß Stück immer wieder von vorn zu üben. Da kann er bestenfalls den Anfang im Schlaf, aber er wird immer wieder an dieser Stelle scheitern. Es macht auch kei-nen Sinn, daß er jedesmal wieder neu überlegt, ob er wirklich zum Kla-vierspielen taugt, nur weil er an einer bestimmten Stelle immer wieder patzt. Die sinnvollste Übungsweise wäre sicherlich, immer wieder die kritische Stelle, erst langsam dann immer schneller, schließlich auswen-dig und mit geschlossenen Augen zu üben, bis sie endlich sitzt.

Genau so verhält es sich im Falle einer Suchtbehandlung. Sehr oft gelingt es den Betroffenen eine bestimmte Zeit abstinent zu bleiben. Nach einem Rückfall sind sie dann in Gefahr, ihre Abstinenzmotivation grundsätzlich in Frage zu stellen, oder in ihren Abstinenzbemühungen in einer neuen Therapie wieder von vorn zu beginnen. Statt dessen geht es darum, den verständlichen Rückfallschock zu überwinden und sich auf die künftig abstinente Bewältigung der Rückfallsituation zu konzentrieren."

4 Behandlung

Angesichts der Vielfalt verschiedener Alkoholprobleme ist es nicht mög-lich, einen einheitlichen Behandlungsansatz vorzustellen. Außerdem stellt es eine Überforderung dar auf die jeweiligen Besonderheiten einer statio-nären, teilstationären, ambulanten Behandlung einzugehen. Der interessierte Leser sei auf folgende Behandlungsprogramme verwiesen:

Behand-
lungs-
programme
für
Alkohol-
abhängige

Behandlungsprogramm	Setting / inhaltlicher Schwerpunkt
Beck et al. (1995)	Ambulante Einzeltherapie / Kognitive Therapie
Petry (1995)	Stationäre Gruppentherapie / Motivierungsstrategien
Monti et al. (1989)	Stationäre Gruppentherapie / Kompetenztraining
Schneider (1982)	Stationäre Gruppentherapie / Breitbandtherapie
Scholz (1996)	Für alle Settings geeignet / kein inhaltlicher Schwerpunkt
Sobell & Sobell (1993)	Ambulante Gruppentherapie / Problemtrinker
Wetterling & Veltrup (1997)	Ambulante Einzelbetreuung durch niedergelassenen Arzt
Miller & Rollnik (1991)	Ambulante und stationäre Einzeltherapie / Motivierung
Arend (1994)	Ambulante Einzeltherapie / kein inhaltlicher Schwerpunkt

54

Im folgenden sollen einzelne psychotherapeutische Behandlungselemente ausführlicher dargestellt werden, die in allen drei Settings durchgeführt werden können. Es wird von der spezifischen Abhängigkeitsproblematik eines Patienten sowie den Rahmenbedingungen der Behandlungseinrichtung abhängen, welcher Stellenwert den einzelnen Verfahren innerhalb seines individualisierten Behandlungsplans zukommen kann.

Lange Zeit bestand innerhalb der Behandlung von Alkoholabhängigen das Dogma der Gruppentherapie. Es wurde angenommen, daß Alkoholabhängige nur durch die Auseinandersetzung mit anderen Betroffenen das wahre Ausmaß ihrer Alkoholabhängigkeit erkennen und sich eingestehen können. Mangels jedes empirischen Belegs für diese Annahme ist das Ausmaß von Einzeltherapie in der Behandlung von Alkoholabhängigen heutzutage eher eine Frage der ökonomischen Organisation von Therapieeinrichtungen.

Dogma der Gruppentherapie empirisch nicht begründbar

4.1 Strukturierung der Therapiesitzungen

Der oftmals mangelnde Leidensdruck sowie die nicht selten ambivalente Veränderungsmotivation von Alkoholabhängigen bewirken, daß dem Therapeuten eine besonders große Verantwortung bei der systematischen Organisation der Behandlung obliegt:

Mangelnder Leidensdruck und Rückfälle erfordern Strukturierung durch den Therapeuten

– Solange die Patienten abstinent leben, sehen viele keinerlei Notwendigkeit zur Auseinandersetzung mit ihrer Abhängigkeitsentwicklung bzw. zur Veränderung ihrer Person. Eine stationäre Behandlung verleitet außerdem zu einer unrealistischen Wahrnehmung der Wirklichkeit und einem Ausblenden von Alltagssorgen.

– Andererseits drohen Alkoholrückfälle während der Behandlung oder mangelnde Compliance die bis dahin vereinbarte Therapieplanung immer wieder grundsätzlich in Frage zu stellen und erfordern ein höchst flexibles Reagieren des Therapeuten.

Will man auf diesen Umstand nicht mit der Rigidität und Strenge traditioneller Suchtbehandlung reagieren, so erfordert dies zumindest eine für Patienten und Therapeuten transparente und konstante Strukturierung der Einzel- bzw. Gruppentherapiesitzungen (siehe Karte „Struktur von Einzel- und Gruppensitzungen" im Anhang).

Hierarchische Abfolge von Themen

Die Themenabfolge ist hierarchisch gedacht. Insofern kann es vorkommen, daß man längerer Zeit nicht über Punkt 2 oder 3 hinauskommt. Dadurch kann es durchaus zu erheblichen Verzögerungen der geplanten Therapieinhalte kommen. Ein solches Vorgehen verhindert aber, daß die Behandlungsplanung an den tatsächlichen Bedürfnissen und Gegebenheiten des Einzelfalls vorbeiläuft. Entscheidend ist hierbei allerdings, daß sich auch bei er-

Jede Therapiestunde mit einer Aufgabe für den Patienten beenden

heblichen Krisen nicht nur der Therapeut zu einer entsprechenden Adaption seiner Behandlungsbemühungen aufgefordert sieht, sondern jede Therapiestunde mit einer Therapieaufgabe auch für den Patienten abschließt.

4.2 Detaillierte Abhängigkeitsanalyse

Eine detaillierte Problemanalyse wird bei Alkoholabhängigen durch folgende Umstände erschwert (Lindenmeyer, 1998):

Peinlichkeit — Die meisten diagnostischen Fragen sind den Betroffenen äußerst unangenehm, da sie sich auf peinliches bzw. schuldhaftes Verhalten beziehen.

Soziale Maskierung — Der Konsum von Alkohol ist bei Alkoholabhängigen weitgehend automatisiert, so daß dem Betroffenen kaum noch Einzelheiten bewußt sind. Außerdem können die persönlichen Trinkmotive durch soziale Trinkanlässe bzw. Trinkrituale verdeckt sein (sog. „soziale Maskierung").

Beeinträchtigte Selbstwahrnehmung — Bereits die Einnahme kleinerer Mengen von Alkohol beeinträchtigt die Fähigkeit zur Selbstbeobachtung. Der Betroffene merkt dadurch die Veränderung seines Denkens, Fühlens und Verhaltens unter Alkohol nicht mehr. Außerdem fällt es schwer, sich nüchtern an Einzelheiten unter Alkoholeinwirkung zu erinnern.

Grobe Vorstellung von Alkoholwirkung — Insbesondere Männer haben oft eine sehr grobe Vorstellung über die Wirkung von Alkohol. Sie verstehen darunter lediglich einen Rausch oder völlige Betäubung. Die bereits bei kleineren Alkoholmengen einsetzende, meist angenehme Wirkung zählt für sie überhaupt nicht.

Kognitive Beeinträchtigungen — Oftmals sind Gedächtnis und Konzentrationsfähigkeit bei Alkoholabhängigen dauerhaft beeinträchtigt.

Problemanalyse ist zentraler Bestandteil der Behandlung Entsprechend ist die Problemanalyse anders als bei der Behandlung anderer Störungen bei Alkoholabhängigen nicht nur Teil des diagnostischen Prozesses, sondern sie stellt häufig bereits einen zentralen Gegenstand der Behandlung dar. Sie impliziert eine veränderte Sichtweise der eigenen Abhängigkeit und ein erhebliches Maß an kritischer Selbstreflexion, die bereits in sich wichtige Therapieziele in der Suchtbehandlung darstellen können.

Für die gezielte Behandlung von Alkoholabhängigen ist eine Klärung v.a. folgender Fragen mit Hilfe einer detaillierten Problemanalyse erforderlich:

4 Schwerpunkte des Problemanalyse — Welches waren die *häufigsten Trinksituationen* in der Vergangenheit? (In diesen Situationen wird aller Voraussicht nach auch das größte Rückfallrisiko in der Zukunft bestehen)

— Welche *Situationsmerkmale (sog. Trigger)* sind besonders eng mit dem Wunsch bzw. Verlangen nach Alkohol verknüpft?

56

- Welche *Gefühle, Gedanken und Wirkungserwartungen* gehen dem Trinken von Alkohol typischer Weise voraus?
- Worin besteht die *kurzfristig angenehme Wirkung* des Alkohols? Hierbei kann es sich sowohl um eine unmittelbare Veränderung des Betroffenen durch die Einnahme von Alkohol als auch um die interaktionelle Wirkung des Alkoholtrinkens auf die Umwelt handeln.

Bei der Problemanalyse handelt es sich oftmals um eine gemeinsame, für den Patienten mitunter schmerzhafte „Entdeckungsreise" in seine Trinkvergangenheit. Von Seiten des Therapeuten sind hierbei Geduld und Einfühlungsvermögen erforderlich. Außerdem bedarf es einer verständnisvollen und einleuchtenden Begründung für die Durchführung einer Problemanalyse durch den Therapeuten. Im folgenden sind mehrere Verfahrensweisen konkreter ausgeführt.

Problemanalyse als „schmerzhafte Entdeckungsreise"

4.2.1 Analyse eines Trinktages

Um genauere Informationen über das Ausmaß und den situativen Kontext des Alkoholkonsums zu erhalten, empfiehlt es sich, einen konkreten Tag in der jüngsten Vergangenheit zu explorieren. Gegebenenfalls sollte sowohl ein Wochentag als auch ein Wochenende exploriert werden. Der Patient kann hierbei einen konkreten Tag bestimmen, an den er sich noch gut erinnern kann. Er sollte nicht versuchen, einen „typischen" Trinktag aus mehreren Tagen zu konstruieren. Anschließend werden die einzelnen Trinkepisoden von morgens bis abends chronologisch durchgefragt. Zu jeder Trinkepisode wird der situative Kontext, das konkrete Trinkverhalten und die unmittelbare Wirkung des Alkohols festgehalten (vgl. Anhang „Tagesverlauf" S. 101). Bei der unmittelbaren Alkoholwirkung wird der Patient gebeten, insbesondere zwischen den zwei Hauptwirkrichtungen des Alkohols zu unterscheiden:

Keinen „typischen" Trinktag konstruieren sondern realen Ablauf in jüngster Vergangenheit erfragen

- *Erreichen eines positiven Zustandes* (z.B. in Form von Enthemmung, Rausch, Schwips, positive Stimmung, Ausgelassenheit)
- *Verringerung eines unangenehmen Zustandes* (z.B. in Form von Dämpfung, Beruhigung, Ablenkung, Vergessen)

2 Hauptwirkrichtungen von Alkohol unterscheiden

4.2.2 Analyse der letzten 28 Trinktage

Hauptanliegen ist es, eine möglichst exakte Vorstellung von der täglichen Trinkmenge eines Patienten für die letzten 28 Tage seines Alkoholkonsums zu bekommen. Das Vorgehen (vgl. Anhang „Die letzten vier Wochen" S. 102) orientiert sich an dem Time-Line Follow Back (TLFB) von Sobell

**Schwan-
kungen,
Phasen
und Zyklen
des
Trink-
verhaltens
erheben**

et al. (1992), das leider für den deutschen Sprachraum noch nicht validiert wurde. Ziel ist es vor allem, mögliche Schwankungen, Phasen oder Zyklen im Trinkverhalten eines Patienten unterscheiden zu können, die dann die Grundlage für eine genauere Analyse der Zusammenhänge sein können. Dies erfolgt über drei Schritte:

1. *Festlegen des Erhebungszeitraums* (28 Tage zurück von der letzten Alkoholeinnahme) in einem entsprechenden Kalender

2. *„Persönliche Aneignung"* dieses Zeitraums durch den Patienten: Der Patient wird gebeten, alle wichtigen persönlichen Ereignisse in diesem Zeitraum zu notieren (z.B. Arbeitstage, Urlaub, Familienbesuche, Arztbesuche, Übernachtungen außer Haus, Feiern). Gegebenenfalls können hier Tagebuchaufzeichnungen oder Terminkalender des Patienten hilfreich sein. Je mehr persönliche Ereignisse eingetragen werden können, um so leichter wird dem Patienten im letzten Schritt die Bestimmung seines Alkoholkonsums an diesen Tagen fallen.

3. *Möglichst genaue Erhebung des Alkoholkonsums für jeden Tag.* Zunächst werden alle Tage markiert, an denen der Patient überhaupt keinen Alkohol getrunken hat. Danach werden die Tage genommen, an denen „wie üblich" getrunken wurde. Dann werden die Tage exploriert, an denen besonders viel bzw. besonders wenig getrunken wurde.

4.2.3 Lebenslinie

Der Patient wird gebeten, über sein ganzes Leben eine Verlaufskurve (vgl. Abb. 20) hinsichtlich der Höhe seines Alkoholkonsums zu zeichnen:

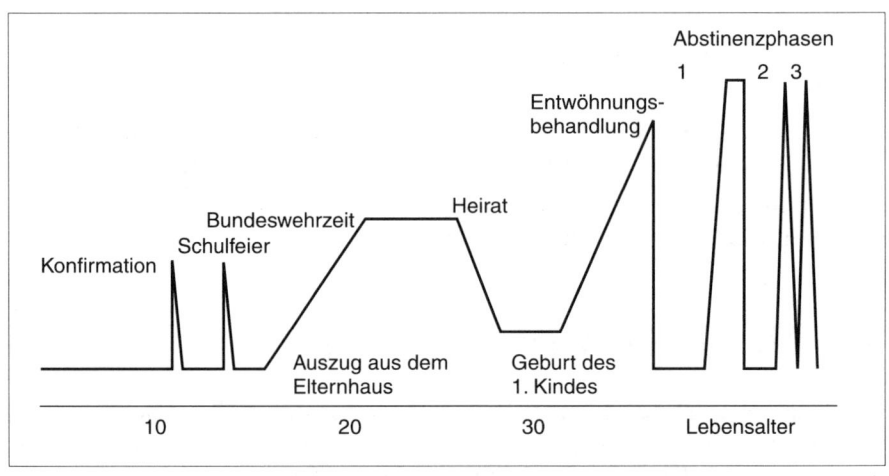

Abbildung 20:
Beispiel für die Lebenslinie eines Patienten

58

Die Lebenslinie dient der Entwicklung eines individuellen Erklärungsmo-dells für den Suchtmittelkonsum. Von besonderem Interesse sind hierbei v.a. die sog. „Wendepunkte" d.h., Abstinenzphasen und Rückfälle bzw. Lebensabschnitte, die mit einem Anstieg oder einer Abnahme des Alkohol-konsums verbunden sind. Hierzu sollte der Therapeut vertiefend nachfra-gen.

„Wende-punkte" ausführ-lich explorieren

4.2.4 Tagebücher

Eine Besonderheit der Behandlung von Alkoholabhängigen besteht in der Abwesenheit des Hauptsymptoms als Voraussetzung für eine Behandlung. Die Gefahr besteht, daß die Patienten, solange sie abstinent sind, nur wenig Bereitschaft zur Selbstreflexion zeigen (*„mir geht es doch jetzt prima"*), um dann vollkommen von einem Rückfall überrascht zu werden. Tagebü-cher können daher in der Behandlung von Alkoholabhängigen besonders wichtig sein, um die Betroffenen auf Risikosituationen, Stimmungsschwan-kungen auch ohne Alkohol und auf das Erleben von Alkoholverlangen auf-merksam zu machen. Entscheidend für die Qualität der Daten ist die mög-lichst zeitnahe Eingabe. Von daher sollten Patienten das Tagebuch mög-lichst ständig bei sich tragen. Wichtig ist eine einfache Protokollierung durch entsprechende Kodierungen (siehe Anhang „Tagebuch", S. 103), die vom Patienten auch realistischerweise in der Situation vorgenommen werden kann.

Zeitnahe und einfache Protokol-lierung

4.2.5 Situationsanalyse

Hierbei werden besonders zentrale Trinksituationen gemeinsam mit dem Patienten durchgegangen. Ziel ist es, daß der Patient „entdeckt", daß ver-schiedene Situationsmerkmale (Ort, Zeit, anwesende Personen, Anblick und Geruch von Alkohol, inhaltliches Thema, Verhalten der Interaktionspart-ner) sowie internale Bedingungen (Stimmung, Gedanken, Wirkungserwar-tung, Durst, physiologische Reaktionen) als sogenannte „Trigger" additiv die Wahrscheinlichkeit für sein Trinken erhöhen (siehe Anhang „Exposi-tions-Übung, S. 106).

Situative Trigger für Alkohol-konsum ermitteln

Dies wird dadurch erleichtert, daß der Patient gebeten wird, den Verlauf seiner Trinkwahrscheinlichkeit innerhalb einer Trinksituation zu zeichnen (vgl. Abb. 21). Das graue Feld ist hierbei dann erreicht, wenn der Patient Verlangen nach Alkohol empfindet.

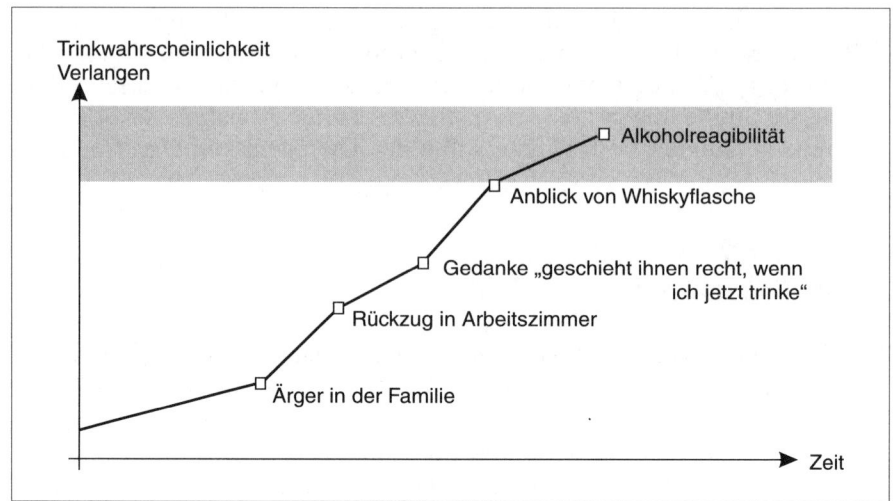

Abbildung 21:
Situationsanalyse

> „Ich möchte jetzt mit Ihnen genauer untersuchen, wie sich die Wahrscheinlichkeit zu trinken in einer typischen Trinksituation systematisch aufbaut. Anfangs ist Ihr Risiko ja noch ziemlich gering, was passiert dann? ... und dann? ... und dann? ... Wie kommen Sie näher ans Trinken? ... Was empfinden Sie dann? ... Was denken Sie dann? ... "

Gemein-
samkeiten
zwischen
verschie-
denen
Trink-
situationen
herausar-
beiten

Ideal ist natürlich, wenn beim Durchgehen verschiedener Trinksituation bestimmte Gemeinsamkeiten „entdeckt" werden können, z.B. bestimmte Stimmungen, Gedanken oder Verhaltensweisen des Patienten. Dies sollte der Therapeut entsprechend zusammenfassen, um dadurch die Komplexität der Informationen reduzieren:

> „Der Gedanke ... taucht offensichtlich in mehreren Situationen wieder auf. Das ist ganz typisch, daß man teilweise zentrale Trigger hat, die in vielen Situationen auftreten, und auf der anderen Seite spezifische Trigger hat, die von Situation zu Situation vollkommen verschieden sind."

Trigger-
Liste

Die wichtigsten Trigger des Patienten sollten schließlich in einer Liste notiert werden.

60

4.3 Informationsvermittlung und Auseinandersetzung mit der eigenen Abhängigkeitsentwicklung

Insbesondere Alkoholabhängige in der Precontemplation- und Contemplationphase befinden sich in einem komplizierten Entscheidungsprozeß, bevor sie sich zur Aufgabe ihres Alkoholkonsums durchringen können. Beispielsweise erleben viele Patienten aufgrund der kulturellen Integriertheit von Alkohol die therapeutisch begründete Aufforderung konsequenter Alkoholabstinenz als Kränkung ihres Selbstwertgefühls bzw. soziale Ausgrenzung. Aber auch Alkoholabhängige in der Aktion-Phase, die ernsthaft ihren Alkoholkonsum aufgeben wollen, haben häufig keine Vorstellung davon, was sie hierzu über ihre ernstgemeinte Absichtserklärung hinaus konkret tun können. Ähnlich geht es rückfälligen Patienten, die außer der Tatsache ihres Rückfalls keine Vorstellung davon haben, was sie nach einer Phase der Abstinenz falsch gemacht haben. Einer sorgfältigen Erarbeitung eines individuellen Erklärungsmodells für die eigene Abhängigkeitsentwicklung und der daraus abzuleitenden Behandlungsmethoden in Form einer gezielten Informationsvermittlung kommt somit größte Bedeutung als erster „Prüfstein" in der Therapeut-Patient-Beziehung und für den Aufbau stabiler Behandlungsmotivation zu.

Plausibles Erklärungsmodell als Voraussetzung für stabile Behandlungsmotivation

Die Vermittlung von Informationen über körperliche, soziale und psychische Aspekte von Alkoholabhängigkeit hat fünf Hauptziele:

- *Realisieren des ganzen Ausmaßes der eigenen Alkoholabhängigkeit.* Hierzu ist es erforderlich, die gesellschaftlich allgemein übliche Einstellung gegenüber Alkohol zu überwinden und eine besondere Sensibilität und Genauigkeit hinsichtlich des Umgangs mit Alkohol zu entwickeln. Erst dadurch wird es den Betroffenen möglich, scheinbar harmlose Veränderungen in ihren Trinkgewohnheiten als Teil einer Suchtentwicklung zu erkennen.

Sensibilisierung hinsichtlich des Umgangs mit Alkohol

- *Herstellen von Kompatibilität zwischen dem persönlichem Erklärungssystem des Patienten und dem Therapierational.* Alkoholabhängige besitzen oftmals sehr festgefahrene Erklärungssysteme durch Selbsthilfegruppenideologien oder frühere Behandler. Selbsthilfegruppen favorisieren häufig ein medizinisches Krankheitsmodell (Sucht = lebenslange Allergie, der erster Schluck führt zwangsläufig zu einem Rückfall in altes Trinkverhalten), Suchttherapeuten favorisieren häufig ein Defizitmodell (Sucht und Rückfall sind die Folge von schwerwiegenden Problemen)

Medizinisches Krankheitsmodell und Defizitmodell der Sucht überwinden

- *Erzeugung von Hoffnung auf Therapieerfolg und von Compliance.* Alkoholabhängige weisen aufgrund ihrer langwierigen Abhängigkeitskarriere und der oft erfolglosen Selbstheilungsversuche und/oder Entgif-

Abstinenzzuversicht erhöhen

tungsbehandlungen besonders wenig Abstinenzzuversicht und positive Therapieerwartung auf. Hier gilt es, den Betroffenen plausibel zu machen, warum sie trotzdem gute Veränderungschancen haben.

Auf Motivationshürden während der Behandlung vorbereiten

● *Förderung von Ambivalenz als Grundlage für eine fundierte Therapieentscheidung des Patienten.* Hier geht es darum, Patienten typische Motivationshürden im weiteren Behandlungsverlauf zu verdeutlichen. Suchtbehandlung macht sehr oft keinen Spaß, der Erfolg ist nicht so spektakulär bzw. beflügelnd wie bei anderen Psychotherapien, da er im Unterlassen eines normalen, angenehmen Verhaltens besteht.

1-Jahres-Perspektive eröffnen

● *Verdeutlichen der Notwendigkeit einer individuellen Nachsorge nach Beendigung der Behandlung.* Alkoholabhängige benötigen bei ihren Abstinenzbemühungen eine 1-Jahres-Perspektive, da in diesem Zeitraum das größte Rückfallrisiko besteht. Entsprechend sind die Betroffenen über die Möglichkeiten, aber auch Notwendigkeit einer individualisierten Nachsorge im Anschluß an ihre Behandlung zu informieren.

Für den deutschsprachigen Raum sind bislang drei Ansätze zur Informationsvermittlung für Alkoholabhängige vorgelegt worden:

● *das gruppentherapeutische Motivationsprogramm von Petry (1995)*

Das Behandlungsmanual enthält Materialien zu 24 jeweils etwa 90-minütigen Gruppensitzungen mit jeweils 12 Teilnehmern unterteilt in vier Hauptthemen (Informationsvermittlung, Verhaltensdiagnostik, Kognitive Umstrukturierung, Rückfallgefährdung). Jede Sitzung wird eingeleitet durch eine Therapieaufgabe, die die Teilnehmer unter Anleitung des Therapeuten gemeinsam bearbeiten. Dies erfordert einerseits die gezielte Aufnahme und Verarbeitung suchtspezifischer Informationen, gleichzeitig wird dadurch eine spielerisch-probeweise Übernahme der neuerworbenen Einstellungen und Erkenntnisse in das Selbstkonzept der Teilnehmer ermöglicht. Erste Ergebnisse zur Evaluierung des Programms liegen vor.

● *„Die Suchtfibel" (Schneider, 1998)*

Hierbei handelt es sich um ein Buch zur Selbstlektüre durch Patienten. In der 12. Auflage handelt es sich um eins der am meisten verbreiteten Therapiematerialien für Alkoholabhängige. Zu insgesamt 100 Fragen, gegliedert nach den Veränderungsphasen von Prochaska und DiClemente, findet sich jeweils eine ein- bis dreiseitige Antwort. Das Buch eignet sich als Begleitlektüre für eine Einzeltherapie. Es kann aber auch von einer Therapiegruppe im Rahmen sogenannter themenzentrierter Gruppen ohne Therapeuten gemeinsam durchgearbeitet werden, indem in jeder Sitzung eine Frage und ihre Antwort diskutiert werden.

62

- *„Lieber schlau als blau"* (Lindenmeyer, 1998)

  Dieses Buch zur Selbstlektüre für Patienten enthält 13 Kapitel zur Entstehung und Behandlung einer Alkoholabhängigkeit. Im Anhang findet sich zu jedem Kapitel ein kurzer Fragebogen, um den Betroffenen Gelegenheit zu geben, das neuerworbene Wissen zu reflektieren und auf sich selbst anzuwenden. Der Therapeut erhält dadurch notwendige Detailinformationen über die Abhängigkeitsentwicklung seines Patienten. Das Buch wurde als Begleitmaterial für die ersten Behandlungsstunden konzipiert und kann sowohl im stationären wie ambulanten Setting eingesetzt werden.

Für den weiteren Behandlungsverlauf ist es allerdings entscheidend, daß die so vermittelten Einzelinformationen schließlich in ein einfaches, auf den Einzelfall abgestimmtes Erklärungsmodell zusammengefaßt werden, aus dem unmittelbare Interventionen abgeleitet werden können. Anstelle von traitorientierten Begriffen wie „Kontrollverlust", „Willen", „Abstinenzmotivation" oder „Sucht-Charakter" läßt sich mit Hilfe der zwei folgenden Suchtmechanismen ein Suchtmodell mit dem Patienten erarbeiten, das die situative Einbettung seines Suchtverhaltens unter Zuhilfenahme der jeweils im Einzelfall vorrangig wirksamen psychischen, physiologischen bzw. sozialen Teufelskreise betont:

Einzelinformationen in einfaches Erklärungsmodell zusammenfassen

- *Zwei-Phasen-Wirkung von Alkohol.* Durch den kurzfristig angenehm erlebten Alkoholkonsum treten langfristig aversive Zustände ein, die wiederum Auslöser für die erneute Einnahme von Alkohol werden. Hierdurch kann v.a. die immer größere Attraktivität des Alkohols und die Entstehung von Entzugserscheinungen erklärt werden.

2-Phasenwirkung von Alkohol

- *Automatisierung des Alkoholkonsums.* Im Verlauf einer Abhängigkeitsentwicklung wird der Alkoholkonsum immer mehr zu einer situativ automatisch ausgelösten und ritualisierten Handlung, die einer rationalen Kontrolle immer schwerer zugänglich ist. Hierdurch kann v.a. die hohe Rückfallquote von Alkoholabhängigen selbst nach längeren Abstinenzphasen erklärt werden.

Automatisierung des Alkoholkonsums

> „Die meisten Patienten interessiert besonders die Frage „warum wurde ich abhängig?". Häufig bekommt man als Antwort zu hören, das sei eine Frage von mangelnder Abstinenzmotivation, mangelndem Willen, Charakterschwäche oder eben des berühmten Kontrollverlusts. Andere wiederum glauben, daß eine Abhängigkeit die Folge von ungelösten Problemen darstelle. Nun, heute weiß man einfach mehr darüber, was bei der Entwicklung einer Abhängigkeit passiert. Lassen Sie mich das an einem Beispiel von Ihnen erläutern. *(Eine typische Trinksituation des Patienten auswählen und die ansteigende Risikokurve über mehrere Trigger wie in Abbildung 21 auf S. 60 einzeichnen).*

Was passiert, wenn Sie in dieser Situation tatsächlich Alkohol trinken? Nun, Sie erleben relativ zuverlässig die angenehme Wirkung von Alkohol. Wie Sie wahrscheinlich wissen, wirkt Alkohol ja immer auf das Belohnungszentrum im Gehirn des Menschen, d.h. Sie erleben eine gewisse Entspannung, angenehme Stimmungsveränderung oder können bestimmte Verhaltensweisen besser ausführen. Kurzfristig läßt damit auch der Druck, der Sie ursprünglich hat Trinken lassen, nach. (Entsprechendes Absinken der Risikokurve einzeichnen). Das gemeine ist nur, daß Alkohol immer eine Zweiphasenwirkung hat, d.h. sobald der Alkoholspiegel im Blut wieder zu sinken beginnt, kommt es zu einer unangenehmen Einwirkung auf das Belohnungszentrum, man fühlt sich jetzt schlechter als man sich vor dem Trinken gefühlt hat. Dadurch ist man versucht, diesen Zustand durch die erneute Einnahme von Alkohol zu beenden. *(Erneutes Ansteigen der Risikokurve einzeichnen).*

Bei Alkoholabhängigen, deren Leber ihre Abbaukapazität durch die Bildung des Enzyms MEOS gesteigert hat, ist diese unangenehme Nebenwirkung stärker. Dies ist einer der Gründe, warum kontrolliertes Trinken bei Alkoholabhängigen oftmals nicht mehr möglich ist. Sie sind rein physiologisch unter stärkerem Druck, den durch Alkohol entstandenen unangenehmen Zustand durch weiteren Alkohol zu bekämpfen.

Noch ungünstiger sieht es aus, wenn Alkoholabhängige nach einer Phase der Abstinenz wieder Alkohol trinken. Sie sind frustriert und enttäuscht über sich selbst, daß sie wieder getrunken haben. Viele denken, daß jetzt sowieso alles egal ist, da ihnen ja auch immer gesagt wurde, daß der erste Schluck unweigerlich wieder in ihr altes Trinkverhalten führen wird. Beides, die Zweiphasenwirkung von Alkohol und der sogenannte Rückfallschock erhöhen damit die Wahrscheinlichkeit, daß man weitertrinkt."

Dieses Modell (siehe Karte „Zwei-Phasen-Wirkung des Alkohols" im Anhang) sollte für mehrere relevante Trinksituation des Patienten hin überprüft werden. Hierbei sollte der Therapeut eine eher skeptische Haltung einnehmen und den Patienten zunehmend selbst erklären lassen, damit er das Modell verinnerlichen kann.

4.4 Vier-Felder-Tafel

Vor- und Nachteile von Alkoholabstinenz abwägen

Bei dieser von Marlatt (1985) vorgestellten Intervention geht es um eine Kosten-Nutzen-Analyse, mit der ein Alkoholabhängiger seine persönlichen Vor- und Nachteile durch künftige Alkoholabstinenz einschätzen soll: Steht der Aufwand der Therapie (Kosten, Anstrengung, Zeitaufwand, negative Veränderungen etc.) in einem angemessenen Verhältnis zum Nutzen der Therapie (kurzfristig und langfristig)? Wichtig ist, daß der Patient begreift, daß eine Therapie nicht alle seine Probleme auf einen Schlag lösen wird, sondern daß im Gegenteil neue Probleme auf ihn zukommen können, mit denen er jetzt nicht rechnet.

Wie würde sich das Leben ohne Alkohol verändern ?

„So sehr Patienten unter ihrer Störung leiden, so häufig ist es auch, daß es eine Reihe von unerwarteten Veränderungen mit sich bringt, wenn die Störung völlig weg ist. Was glauben Sie, was sich in Ihrem Leben verändert, wenn Sie keinen Alkohol mehr trinken?"

Was würden Sie opfern, wenn Sie auf Alkohol verzichteten?

„Sie haben jetzt sehr vieles erzählt, was Sie auf der Habenseite verbuchen können. Besteht denn die Möglichkeit, daß auch schwierige Veränderungen stattfinden können? Ich möchte Ihnen mal ein Beispiel geben, damit Sie sich besser vorstellen können, was ich meine. Das Trinken von Alkohol erleichtert in unserer Gesellschaft häufig die Anbahnung von Kontakten und hebt die Stimmung beim geselligen Zusammensein. Falls Sie künftig konsequent abstinent leben, würden Sie auf diese angenehmen Wirkungen von Alkohol verzichten. Möglicherweise beeinträchtigt das Ihren Kontakt zu Freunden oder Bekannten."

Unter Umständen ist es sinnvoll den Patienten die Ergebnisse dieser Überlegungen in eine sog. Vier-Felder-Tafel eintragen zu lassen, damit er eine bessere und v.a. explizitere Entscheidung fällen kann:

	Kurzfristig	Langfristig
Vorteile von Abstinenz		
Nachteile von Abstinenz		

4.5 Ablehnungstraining

Vorbereitung auf „soziale Verführungssituationen"

Immer wieder fühlen sich abstinent lebende Alkoholabhängige von Außenstehenden dazu gedrängt, Alkohol (mit)zutrinken. In derartigen sog. „sozialen Verführungssituationen" kommt es darauf an, die Aufforderung der Umwelt selbstsicher ablehnen zu können, ohne sich in eine längere Diskussion verwickeln zu lassen. Viele Betroffenen empfinden dies als besonders schwierig, wenn sie hierbei die Sympathie ihres Gegenübers nicht verlieren möchten.

Ein offenes Bekenntnis zur eigenen Abhängigkeit ist nicht immer angebracht

In all diesen Fällen ist es sinnvoll, zur Rückfallprävention geeignete soziale Fertigkeiten im Rahmen eines sog. „Ablehnungstrainings" zu üben. Hierbei werden entsprechende Risikosituationen im Rollenspiel möglichst realistisch durchgespielt und dabei die eigenen Verhaltensmöglichkeiten schrittweise verbessert. Unter anderem gilt es in diesem Zusammenhang zu überlegen, in welchen Situationen die Betroffenen beim Ablehnen offen zu ihrer Alkoholabhängigkeit stehen wollen und in welchen dies eher nicht angezeigt ist. Zur Motivierung der Patienten für Rollenspiele hat sich folgendes Vorgehen bewährt:

4.5.1 Verhaltenstest: Standardsituation

Der Therapeut unterstellt nicht von vornherein die Notwendigkeit eines Ablehnungstrainings, sondern bittet den Patienten um einen Verhaltenstest. Wenn der Patient zugestimmt hat, beginnt der Therapeut ohne längere Instruktion das Rollenspiel:

Rollenspiel „Stammkneipe"
„Hallo alter Kumpel, wo warst Du denn so lange? Komm setz Dich, darauf müssen wir gleich einen trinken. Bedienung, bitte zwei Bier. Komm laß uns anstoßen nach so langer Zeit. Siehst gut aus, wo warst Du denn?" *(Der Therapeut fällt dem Patienten immer wieder ins Wort, bietet ihm Bier an und zeigt wenig Verständnis)* „Komm jetzt stell Dich nicht so an, eins wirst Du wohl noch mittrinken können. Willst Du mich beleidigen? Früher warst Du ganz anders. Komm, das sieht doch keiner. Ach, Du bist doch im Leben kein Alkoholiker, dann wäre ich ja auch einer!"

4.5.2 Positives Videofeedback

Verhaltenstest auf maximal 5 Minuten begrenzen

Nach maximal fünf Minuten bricht der Therapeut das Rollenspiel ab. Im Sinne des Prinzips des „self-modeling" dient die Videoaufnahme ausschließlich zu positivem Feedback (selbst wenn der Patient im Rollenspiel „rückfällig" wurde). Falls das Ablehnungstraining in einer Patientengruppe statt-findet, können die Mitpatienten miteinbezogen werden. Die Stärken des Patienten werden auf einem Kärtchen notiert (z.B. kräftige Stimme, klare Gestik, fester Blickkontakt). Negatives Feedback oder Verbesserungsvor-schläge von Mitpatienten werden vom Therapeuten unterbunden. Der Pati-ent wird daraufhin aufgefordert, seine Stärken nach dem „Premack-Prin-zip" (Erhöhung der Auftretenswahrscheinlichkeit von erwünschtem Ver-halten durch Koppelung an häufig auftretendes Verhalten) auswendig zu lernen:

> „Ich möchte, daß Sie diese Stärken auswendig lernen. Kleben Sie dazu das Kärtchen an eine Stelle, an der Sie es häufig sehen (z.B. Zigaretten-schachtel, Spiegel, Geldbeutel) und lesen Sie es sich jedesmal durch. Ich werde Sie in nächster Zeit immer mal wieder nach Ihren Stärken fragen."

4.5.3 Modell: Standardsituation

Der Therapeut bittet nunmehr den Patienten, ihn in der gleichen Situation zu einem Rückfall zu verführen. Damit für den Patienten ein Anreiz ent-steht, wettet er, daß er ihn nicht länger als 2 Minuten beim Thema halten kann. Der Therapeut lehnt nunmehr nach folgender Reihenfolge ab:

1. *„Nein danke, ich trinke keinen Alkohol, ich trinke lieber ...",*
2. mehrfaches Wiederholen: *„Nein danke ....",*
3. Themawechsel: *„Was macht denn der ...",*
4. Metaebene: *„Ich habe keine Lust mehr darüber zu reden, hört auf damit",*
5. Ultimatum: *„Wenn Ihr jetzt nicht aufhört, dann gehe ich"* (dabei be-reits aufstehen und sich erst wieder hinsetzen, wenn die anderen end-gültig aufhören).

Das Rollenspiel wird ebenfalls auf Video aufgenommen. Die Aufnahme wird anschließend gemeinsam ausgewertet. Der Therapeut hilft dem Pati-enten, die fünf Ablehnungsstrategien herauszuarbeiten. Diese werden schließlich an einer Wandtafel notiert.

4.5.4 Rollenspielübung: Standardsituation

Nunmehr übt der Patient die Abfolge der Ablehnungsstrategien im Rollen-spiel. Die einzelnen Rollenspieldurchgänge sollen möglichst kurz sein (ma-ximal zwei Minuten). Bei Schwierigkeiten des Patienten sollte der Thera-peut schnell eingreifen und maximal einen Verbesserungsvorschlag machen, den der Patient sofort in einem weiteren Rollenspiel üben soll.

4.5.5 Rollenspielübung: Individuelle Situation

Der Patient bekommt als Hausaufgabe einen Bogen (siehe Anhang „Ablehnungstraining" S. 104) ausgeteilt, in dem er eine persönlich relevante soziale Versuchungssituation für die nächste Therapiestunde notieren und bereits einen Bewältigungsplan ausformulieren soll. Dieser wird in der nächsten Sitzung dann im Rollenspiel geübt bzw. auf seine Angemessenheit überprüft. Häufige Situationen sind hierbei:

– Ablehnen von Alkoholangeboten bei Familienfeiern oder Parties

– Ablehnen von Alkoholangeboten bei einem Rendezvous / Flirt,

– Ablehnen von Alkohol am Arbeitsplatz (Beförderung, Vertragsabschluß, Einstand, Messebesuch, Geschäftsessen),

– Ablehnen von alkoholhaltigen Medikamenten oder Medikamenten mit Suchtpotential in Apotheke, Krankenhaus oder beim Arzt.

4.6 Bewältigungstonbänder

Prinzip der Verdeckten Kontrolle

Hierbei entwirft der Patient zunächst ein möglichst anschauliches Szenario einer möglichen Rückfallsituation und beschreibt dann, wie er diese Situation gerade noch rechtzeitig erfolgreich bewältigt. Er spricht das so entstandene Skript schließlich auf Tonband, das er sich im Sinne einer selbstgeleiteten Vorstellungsübung nach dem Prinzip der Verdeckten Kontrolle regelmäßig anhört. Neben dem unmittelbaren Trainingseffekt hat die Methode weitere Vorzüge:

– Die besprochenen Bewältigungstonbänder können vom Patienten als konkretes Therapieergebnis mit nach Hause genommen und jeweils nach Bedarf auch lange Zeit nach Beendigung der Therapie zur Auffrischung angehört werden.

Beruhigung von Angehörigen

– Das Anhören der Bewältigungstonbänder stellt häufig für Angehörige eine gewisse Beruhigung dar. Sie sehen, wie konkret sich der Betroffene mit typischen Risikosituationen auseinandersetzt.

Dem Patienten kann dieses Vorgehen als „mentales Training", das sich im Hochleistungssport besonders bewährt hat, vorgestellt werden:

> „Sie haben sicher schon einmal davon gehört, daß erfolgreiche Hochleistungssportler sog. ‚mentales Training' benutzen. Z. B. kann ein Tennisstar seinen Aufschlag rein körperlich gar nicht so oft üben, bis er in allen Einzelheiten perfekt ist. Er übt daher den Aufschlag regelmäßig in der Vorstellung, wobei er sich alles ganz genau vorstellt. In Untersuchungen konnte gezeigt werden, daß diese Übungen fast so effektiv sind wie echte

Übungen. Genau das möchte ich Ihnen für die Bewältigung von Risikosituationen vorschlagen."

Die Erstellung der Bewältigungstonbänder erfolgt über folgende Schritte:

4.6.1 Erarbeiten des Situationstextes

Der Patient wird zunächst gebeten, als Hausaufgabe eine wichtige Risikosituation in Ich-Form aufzuschreiben (z.B. *„Ich gehe die Straße entlang,*
habe nichts besonderes vor. Plötzlich stehe ich vor meiner Stammkneipe.
Ich sehe durch die Scheiben, das warme, gemütliche Licht und höre La-
chen. Ich denke mir ..."; siehe Anhang „Bewältigungstonband" S. 105).
Der Text wird dann gemeinsam mit dem Therapeuten optimiert (logischer
Ablauf, Berücksichtigung aller Repräsentationssysteme: Sehen, Hören, Riechen, Fühlen, Schmecken, Denken). Außerdem wird eine konkrete Bewäl-
tigungsform bis zu Ende erarbeitet (z. B. *„Gerade als ich das Bier ansetze,*
denke ich .... Ich setze das Bier ab, schiebe es weg und sage .... Ich spüre
wie ich ... Ich bestelle einen Kaffee und sage mir innerlich ...")

*Optimie-
rung des
Situations-
textes
durch
Therapeu-
ten
erforder-
lich*

4.6.2 Aufnahme des Bewältigungstonbandes

Der Patient wird gebeten, den Text auf Tonband zu sprechen. Zwischen
jedem Satz soll eine ausreichende Pause sein, um sich beim Abhören die
Situation auch plastisch vorstellen zu können. Außerdem muß die Stimm-
lage und -lautstärke zum Inhalt passen. Häufig sind mehrere Versuche erforderlich, bis das Band zur Rückfallprävention geeignet ist.

*Pausen
zwischen
den
Sätzen
beachten*

4.6.3 Geleitete Vorstellungsübung

Der Patient wird schließlich gebeten, sich sein Bewältigungstonband regelmäßig über Kopfhörer anzuhören und dabei zu versuchen, sich die Situation wie einen Film „aus eigenen Augen" plastisch vorzustellen. Er soll jeweils notieren (siehe Anhang „Bewältigungstonband", S. 105), wie gut er
sich die Situation plastisch vorstellen konnte (1=sehr gut bis 6=überhaupt
nicht). Nach einiger Zeit soll er auch versuchen, sich den gesamten Situati-
onsablauf regelmäßig (z.B. vor den Einschlafen) ohne Tonband vorzustellen.

4.7 Expositionsübungen

Ver-
schiedene
Wirk-
prinzipien
von
Expositions-
übungen
möglich

Insbesondere die klassischen Konditionierungsmodelle zum Rückfall sprechen für den Einsatz von Exposition in vivo zur Rückfallprävention. Angenommen wird hierbei, daß die klassisch konditionierten Reaktionen in Risikosituationen über Habituations- und Löschungsprozesse dekonditioniert werden können, wenn (a) die Probanden wiederholt mit den konditionierten Stimuli (z.B. Anblick von Alkohol) konfrontiert werden, ohne daß eine Koppelung mit dem unkonditionierten Stimulus (Einnahme von Alkohol) erfolgt und (b) die Konfrontation jeweils so lange erfolgt, bis die konditionierten physiologischen Reaktionen (z.B. Alkoholverlangen) abgeklungen sind. Allerdings bestätigen positive Ergebnisse von Konfrontationsmethoden in der Rückfallprävention nicht notwendigerweise die klassischen Konditionierungsmodelle. Verschiedene weitere Wirkmechanismen von Expositionsübungen sind denkbar:

– Unterbrechung von automatisierten Verhaltensketten,

– Widerlegung der Kontrollverlust-Erwartung des Patienten,

– Stärkung von Selbstwirksamkeitsüberzeugung durch Erfolgserlebnisse,

– Training von spezifischen Bewältigungsstrategien.

4.7.1 Einführung des Paradigmas

Gedanken-
experiment
zur Ver-
mittlung
des Para-
digmas

Der Therapeut bittet den Patienten eine Risikoverlaufskurve für eine fiktive Trinksituation aufzumalen, in der wesentliche Trigger des Patienten zusammenkommen und er daher bislang eine hohe Wahrscheinlichkeit hatte zu trinken (vgl. Abb. 22, durchgezogene Linie):

Rückfallprävention

> „Wie hoch wäre Ihr Verlangen/Risiko zu trinken, wenn wir jetzt die Zeit anhalten könnten, Sie das Glas unmittelbar vor dem Mund haben, Sie aber trotzdem nicht trinken nach 5 ... 10 ... 30 ... 60 ... Minuten?"

Früher oder später kann die Risikokurve des Patienten nicht weiter ansteigen, weil sie bereits den Maximalwert erreicht hat (gestrichelte Linie). Dies ist ein zentraler Punkt, der Patient ist nun gezwungen weiterzudenken, was geschehen würde, wenn er dem Verlangen nach Alkohol trotzdem nicht nachgibt. Es ist nur logisch, daß das Trinkrisiko allmählich wieder sinkt, je länger er es trotz Verlangen ohne Alkohol ausgehalten hat (gestrichelte Linie 1).

> „Wie hoch wäre Ihr Verlangen/Risiko zu trinken, wenn Sie nach dieser Erfahrung ein zweites Mal in genau dieselbe Situation kommen würden?"
> „Wie hoch beim dritten Mal" etc.

70

Je öfter der Patient die Erfahrung gemacht hat, in einer Risikosituation trotz erheblichem Verlangen keinen Alkohol getrunken zu haben, um so geringer wird sein Risiko sein, künftig in dieser Situation Alkohol zu trinken (gestrichelte Linie 2 und 3).

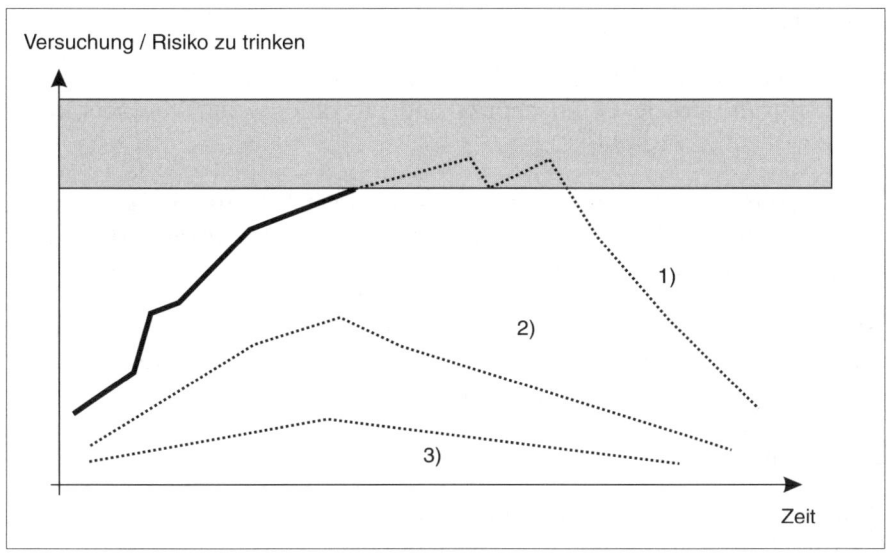

Abbildung 22:
Die Risikoverlaufskurve bei wiederholten Expositionsübungen

Gemeinsam mit dem Patienten kann hieraus geschlußfolgert werden, daß eine gezielte Rückfallprävention in einer Konfrontation mit Risikosituationen bestehen kann. Hierbei kann die Metapher eines Schleuderkurses für Autofahrer hilfreich sein:

Metapher: „Schleuderkurs für Autofahrer"

„Ähnlich wie bei einem Autofahrer, der bei einem Schleuderkurs zunächst sein Auto absichtlich ins Schleudern bringt, würden auch Sie sich absichtlich in eine echte Versuchungssituation begeben, in der Sie möglichst großes Verlangen nach Alkohol bekommen, um dann zu üben, wie Sie diese Situation ohne Alkohol meistern."

Entscheidend ist hierbei, daß dem Patienten klar wird, daß Expositionsübungen ein tatsächliches Rückfallrisiko beinhalten (d. h. Konfrontation mit echtem Alkohol, keine Überwachung, teilweise Abwesenheit des Therapeuten) und daß er selbst mitwirken muß, um sich in Versuchung zu bringen.

71

Umgang mit Rückfällen

> „Jetzt stellen Sie sich bitte vor, Sie würden in dieser Situation trinken. Wie hoch wäre Ihr Verlangen/Risiko zu trinken, wenn Sie nach einiger Zeit erneut in die selbe Situation kommen und wieder das Glas unmittelbar vor dem Mund haben?"

Hier geht es darum, daß dem Patienten klar wird, daß diesmal sein Trinkrisiko aufgrund des Rückfallschocks und physiologischer Veränderungen zunächst deutlich erhöht ist.

> „Wie hoch wäre Ihr Verlangen/Risiko zu trinken, wenn wir jetzt erneut die Zeit anhalten könnten, Sie das Glas unmittelbar vor dem Mund haben, Sie aber trotzdem nicht trinken nach 5 ... 10 ... 30 ... 60 ... Minuten?"

Erneute Expositions-übung auch nach einem Rückfall indiziert zur Wiederge-winnung von Abstinenz

Aber auch nach einem Rückfall kann die Risikokurve des Patienten in der Situation früher oder später nicht weiter ansteigen, weil sie bereits den Maximalwert erreicht hat. Auch hier ist es nur logisch, daß das Trinkrisiko allmählich wieder sinkt, je länger er es trotz Verlangen ohne Alkohol ausgehalten hat.

Hieraus kann gemeinsam mit dem Patienten abgeleitet werden, daß auch ein Rückfall nicht notwendiger Weise die bisherige Behandlung in Frage stellt, sondern häufig eine erneute Konfrontation mit der Rückfallsituation erfordert, sobald er wieder nüchtern ist. Hierbei kann die Metapher eines Reitunfalls hilfreich sein:

> „Es verhält sich bei einem Rückfall ganz ähnlich, wie wenn ein Reiter vom Pferd fällt. Natürlich ist er verunsichert, entscheidend ist daher, möglichst schnell wieder aufzusitzen und weiterzureiten. Entsprechend geht es bei einem Rückfall darum, sich der Rückfallsituation erneut auszusetzen und diesmal nicht zu trinken."

Tatsäch-licher Ver-suchungs-charakter von Exposi-tions-übungen erforder-lich

Im Rahmen der Rückfallprophylaxe kommt es darauf an, die Übungssituationen durch die absichtliche Konfrontation mit persönlich relevanten Auslösebedingungen (z.B. die unmittelbare Konfrontation mit alkoholischen Getränken, Stimmungsinduktion durch Musik, gezielte Erinnerungen, das Aufsuchen bestimmter Örtlichkeiten oder Personen) so zu gestalten, daß tatsächlich eine erhebliche Versuchung Alkohol zu trinken, entsteht. Es geht hierbei nicht darum, für jede Risikosituation eine optimale Bewältigungsreaktion zu finden. Dies würde die kognitive und emotionale Stressbelastung des Betroffenen in Risikosituationen nur weiter erhöhen. Entscheidend für die Aufrechterhaltung der Abstinenz ist vielmehr, daß der Patient selbst bei zunächst erfolglosen Bewältigungsbemühungen ausreichend Abstinenzzuversicht behält, um selbst starkem Verlangen nach Alkohol in einer Risikosituation standhalten zu können. Das subjektive Erleben der Expositionsübungen durch den Patienten, der zeitliche Verlauf des Alkoholverlangens sowie die Auswirkungen auf seine Abstinenzzuversicht sollten thematisiert werden. Beispielsweise ist der Tendenz mancher Betroffener entgegenzuwirken, eine erfolgreich bewältigte Übungssituation gewissermaßen als einen ein für alle mal bestandenen Härtetest mißzuverstehen und damit die Möglichkeit künftiger Rückfälle in fahrlässiger Selbstüberschätzung völlig auszuschließen. Andererseits ist von therapeutischer Seite die drohende Demoralisierung eines Patienten und seiner Angehörigen bei erneuter Suchtmitteleinnahme in Übungssituationen aufzufangen.

Zentrales Therapieziel von Expositionsübungen ist, auch starkem Verlangen nach Alkohol standhalten zu können

Um Mißverständnissen vorzubeugen, sollten Angehörige über den Sinn und den Ablauf von Expositionsübungen informiert werden.

4.7.2 Situationshierarchie

Der Patient wird gebeten eine Hierarchie von Situationen nach ihrer Schwierigkeit aufzustellen. Hierbei wird jede Situation auf ein extra Kärtchen geschrieben und bezüglich ihrer Schwierigkeit eingeschätzt, auf Alkohol zu verzichten (z.B. auf einer Skala 0-100). Die Kärtchen sollten folgende Informationen enthalten:

Situationshierarchie aufstellen

- Situation
- Schwierigkeitsgrad
- externe Alkohol-Trigger
- innere Alkohol-Trigger

Nicht immer sind Patienten in der Lage, verschiedene Situationen nach ihrer Schwierigkeit genauer zu differenzieren. In diesem Fall reicht auch eine Unterteilung in schwierige und leichte Situationen.

4.7.3 Die erste Expositionsübung in Gegenwart des Therapeuten

Bei der ersten Expositionsübung bedarf es einer genaueren Instruktion durch den Therapeuten. Der Patient soll sich mit seinem bevorzugten alkoholischen Getränk konfrontieren. Als Örtlichkeit sollte ein Raum gewählt werden, in dem Patient und Therapeut einerseits ungestört sind, der aber andererseits geeignet ist überhaupt Alkoholverlangen aufkommen zu lassen.

Genaue Instruktion durch den Therapeuten bei der ersten Exposition

Der Vorgang des Öffnens der Flasche, des Einschenkens und des Ansetzen des Glases wird möglichst lange herausgezögert. Der Patient wird angeleitet, alles möglichst intensiv und bewußt zu machen. Je ausführlicher man die erste Übung gestaltet, um so besser wissen die Patienten später, was sie in weiteren Expositionsübungen in Abwesenheit des Therapeuten tun sollen.

Aufmerksamkeit des Patienten auf Alkohol-Trigger richten

| | **Beispiel für die Anleitung der ersten Exposition** |

a) Zunächst wird die **Flasche beschrieben,** die Form die Farbe, das Etikett, etc.

b) Danach **Öffnen der Flasche,** auf das Geräusch achten.
  - *„Wann haben Sie das Geräusch zuletzt gehört?"*
  - *„Wie hört es sich an?"*
  - *„Was für Gefühle sind damit verknüpft?"*
  - *„Wie riecht es?"*
  - *„Prüfen Sie, wie weit es noch riecht"* (Distanz zur Nase variieren).
  - *„Gibt es körperliche Empfindungen?"*
  - *„Woran denken Sie dabei?"*
  - *„Was fällt Ihnen ein, wo Sie gerne getrunken haben?"*
  - *„Ist etwas an dem Gedanken reizvoll, vielleicht auch nur am Geruch?"*
  - *„Woran merken Sie, daß es reizvoll ist?"*
  - *„Können Sie dieses Gefühl noch irgendwie verstärken?"*

c) **Einschenken** lassen.
  - *„Beschreiben Sie, was Sie sehen."*
  - *„Lauschen Sie am Schaum, was ist das für ein Geräusch. Ist das neu oder vertraut?"*
  - *„Versuchen Sie weiter das Gefühl zu intensivieren."*
  - *„Schauen Sie weiter das Glas an."*

d) Ganz **nah an das Glas** gehen, die Lippen ansetzen lassen.
  Distanz beim Riechen variieren lassen:
  - *„Wo ist es am intensivsten?"*
  - *„Woran merken Sie das?"*
  - *„Können Sie das noch irgendwie steigern?"*

Gemeinsam überlegen, wie das Verlangen nach Alkohol gesteigert werden könnte

Es geht darum, die Aufmerksamkeit nach innen zu richten. Auf die Dauer ist das Verlangen nicht mehr so hoch. Mit dem Patienten dann immer wieder überlegen, wie das Verlangen doch noch mal hoch gehen könnte.

Während der Übung eine Risikokurve zeichnen lassen (vgl. Anhang „Expositions-Übung, S. 106).

74

- *„Mal sehen, ob sie Ihre Risikokurve in die graue Zone kriegen."*
- *„Je stärker Sie Verlangen haben und nicht trinken, um so mehr haben Sie erreicht."*

e) Den Patienten **eigene Versuche** beginnen lassen, um das Verlangen nach Alkohol zu steigern.
- *„Mal schauen, wie es ist wenn ....."*
- *„Ich bin mal gespannt, auf was Sie alles so kommen."*

Beispiele für den Einsatz zusätzlicher Trigger sind:

Kaugummi	Rauchen
Salz, Salzstangen	Langeweile
Erinnerungen	Alkohol-Werbung

f) Den Patienten **alleine** weitermachen lassen. Dabei immer weiter die Risikokurve zeichnen lassen.

Die Tendenz der Patienten ist häufig, sich bei den Expositionsübungen nicht intensiv und nah genug mit den Alkoholtriggern zu konfrontieren. Der Therapeut sollte daher immer wieder frage*: „Wie wird es schlimmer, stärker, intensiver?"*

Falls die Versuchung Alkohol zu trinken nachläßt, den Patienten um seine Interpretation und Attribuierung bitten:
- *„Haben Sie irgend etwas versucht, daß Ihr Verlangen runter ging?"*
- *„Wie erklären Sie sich das?"*

4.7.4 Weitere Expositionsübungen in vivo ohne Therapeuten

Prinzipiell lassen sich drei Formen von Expositionsübungen in vivo zur Rückfallprävention unterscheiden:

● *Alkoholexposition mit Stimmungsinduktion* (vgl. Abb. 23). Der Patient setzt sich gezielt situativen Stimuli aus, die eine rückfallkritische Stimmung erzeugen. Gleichzeitig ist Alkohol verfügbar.

Alkoholexposition mit Stimmungsinduktion

Beispiele für eine Stimmungsinduktion sind:

Langeweile: Mehrstündiger Aufenthalt in leerem Zimmer

Trauer: Musik, Photos, Briefe, Filmsequenzen, Friedhof

Schuldgefühle: Photos, Briefe, Filmsequenzen, Friedhof

75

Sorge, Ängste: Zeitungsartikel, Briefe, Dunkelheit, Alleinsein

Selbstzweifel: Photos, Zeugnisse, schriftliche Beurteilungen, Abschiedsbriefe

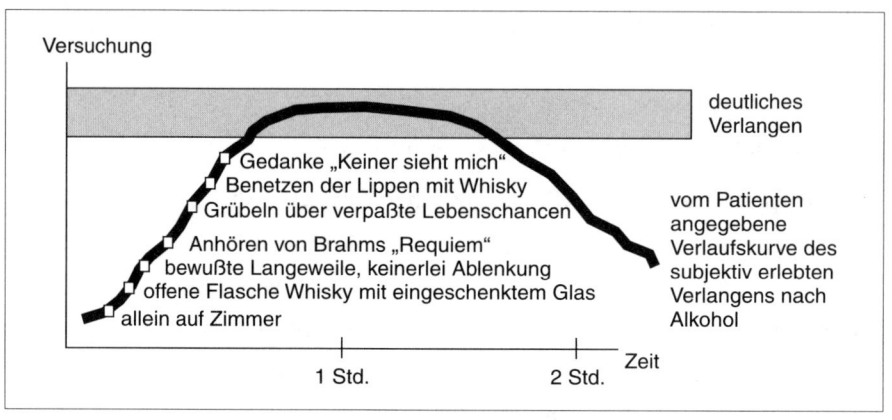

Abbildung 23:
Exposition mit Stimmungsinduktion

**Alkohol-
exposition
bei
sozialem
Konflikt**

● *Alkoholexposition mit Tonbandaufnahme von Konfliktgespräch* (vgl. Abb. 24). Der Patient wird gebeten, mit seinem Konfliktpartner ein Interview über ein strittiges Thema zu führen. Er muß hierbei die Einschätzung und Meinung seines Konfliktpartners (z.B. Lebenspartner, Familienangehöriger, Vorgesetzter) durch Ablesen von durch den Therapeuten vorformulierten Fragen erfragen, ohne selbst seine Meinung äußern zu dürfen. Das Gespräch wird auf Tonband aufgenommen. Der Patient wird anschließend gebeten, sich das Gespräch immer wieder vom Tonband abzuhören während er sich gleichzeitig mit Alkohol konfrontiert.

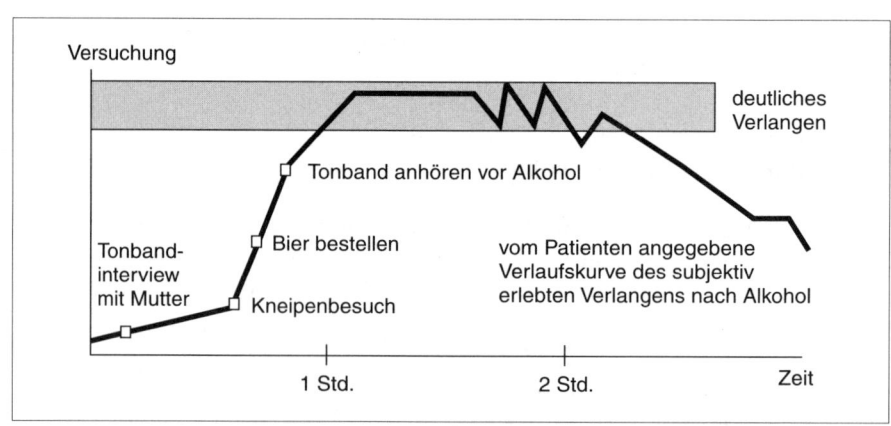

Abbildung 24:
Exposition nach sozialer Konfliktsituation

76

● *Alkoholexposition in sozialer Verführungssituation.* Der Betroffene sucht Situationen auf, in denen andere Menschen Alkohol trinken bzw. in denen eine große Wahrscheinlichkeit besteht, daß er zum „Mittrinken" aufgefordert wird. Beispiele für soziale Konfrontation zur Rückfallprävention sind Kneipenbesuch, Brauereibesichtigung, Weinprobe, Party, Besuch von früheren Trinkkumpanen, Messebesuch, Geburtstagsfeier, Silvesterfeier, gemeinsamer Restaurantbesuch, Stehempfang, Jubiläumsfeier, Familienfeier, Vereinstreffen, Volksfeste, Weihnachtsmarkt.

4.8 Notfallplan zur Überwindung von Rückfällen

Da in der Regel ein Rückfall selbst bei bester Prognose eines Patienten niemals mit Sicherheit auszuschließen ist, sollte jeder Patient auf die Möglichkeit eines Rückfalls vorbereitet werden. Ziel ist es hierbei, Rückfälle, wenn sie schon nicht verhindert werden konnten, im Sinne einer Schadenbegrenzung möglichst rasch beenden zu lernen (vgl. Abb. 25).

Aufgrund des drohenden Rückfallschocks kommt es hierbei darauf an, daß der Patient und – falls möglich – seine Angehörigen über einen einfachen und vor allem fest eingeprägten sog. „Notfallplan" verfügen. Im Rahmen der Rückfallprävention sollten daher gemeinsam mit dem Patienten und den nächsten Bezugspersonen geeignete Schritte für diesen Fall vereinbart werden (siehe Anhang „Notfall-Plan-Vertrag" S. 107). Diese können schließlich auf einer sog. „Notfall-Karte" in der Größe einer Kreditkarte notiert werden, die die Beteiligten immer bei sich tragen.

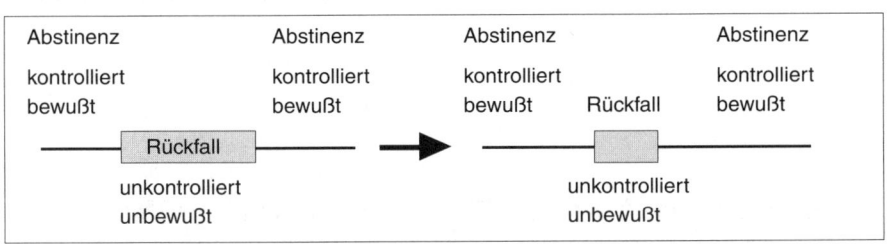

Abbildung 25:
Ziel von Maßnahmen zur Schadensbegrenzung bei Rückfällen

Zur Erklärung des Vorgehens ist die Metapher vom obligatorischen Verbandskasten und Erste-Hilfe-Kurs für Autofahrer hilfreich. Dadurch kann einerseits verdeutlicht werden, daß die Aufstellung eines Notfallplans nicht deshalb vorgeschlagen wird, weil man dem Patienten keinen Therapieerfolg zutraut, sondern weil man ihn prinzipiell auf die Möglichkeit eines Rückfalls vorbereitet wissen will. Andererseits können durch diese Metapher Angehörige von Alkoholabhängigen beruhigt werden, daß es nicht darum geht, sich etwa ruhig ab und zu einen Rückfall zu „leisten".

• *Wer ist der geeignete Ansprechpartner bei einem Rückfall?* Zunächst ist bei der Entwicklung eines Notfallplans zu entscheiden, wer als erstes über einen Rückfall informiert werden soll. Nicht immer sind hierfür der eigene Lebenspartner oder engste Bezugspersonen geeignet, weil sie unter Umständen den Rückfallschock des Betroffenen durch eigene Verzweiflung oder Vorwürfe ungewollt vergrößern. Mitglieder einer Selbsthilfegruppe oder Mitarbeiter in einer Beratungsstelle können häufig etwas gelassener reagieren und damit manchmal wirksamer helfen, einen Rückfall zu überwinden.

• *Festlegung der geeigneten Reihenfolge von Maßnahmen.* Bei der Festlegung der Reihenfolge der einzelnen Bestandteile eines Notfallplans ist insbesondere darauf zu achten, daß sich die Beteiligten bei einem Rückfall ähnlich wie bei einem Verkehrsunfall zunächst jeglicher Ursachenforschung enthalten und statt dessen alle Aufmerksamkeit darauf richten, weiteren Schaden durch die Absicherung der Unfallstelle zu verhindern und überlebenswichtige Maßnahmen einzuleiten. Erst wenn keine weitere Gefahr mehr droht, d. h. der Rückfall gestoppt wurde, können die Beteiligten darangehen, das Zustandekommen eines Rückfalls zu klären.

• *Wiedergewinnung von Abstinenzzuversicht.* Schließlich geht es darum, wie das verlorengegangene (Selbst)Vertrauen in die Änderungsfähigkeit des Betroffenen bzw. in die Wirksamkeit der Behandlung wiedergewonnen werden kann. Hierzu ist es notwendig, daß der Betroffene sich nach entsprechender Vorbereitung erneut Risikosituationen stellt.

5 Umgang mit rückfälligen Patienten während der Behandlung

Rückfälle sind nicht nur für die Betroffenen und ihre Angehörigen Krisensituationen, sondern auch für die mitbetroffenen Therapeuten und Mitarbeiter einer Therapieeinrichtung. Es stellt für alle Beteiligten eine Überforderung dar, wenn der therapeutische Umgang mit dem Rückfall erst im Moment der Krise entwickelt werden muß. Auch ein Therapeut sollte daher über ein klares und eingeübtes Procedere im Umgang mit Rückfällen verfügen.

Grundsätzlich wird jeder Therapeut bzw. jede Behandlungseinrichtung bestimmte Grenzen festlegen müssen, wann rückfällige Patienten weiterbehandelt werden können und wann eine Fortführung der Behandlung nicht mehr möglich ist. Hier sind in erster Linie medizinische, in zweiter Linie aber auch therapeutische Gesichtspunkte in Abhängigkeit des konkreten Behandlungssettings zu berücksichtigen. Beispielsweise ist eine Verlegung in eine psychiatrische Abteilung bei akuter Suizidalität oder schwerer Intoxikation des Patienten unausweichlich. Dagegen hat sich das früher in der Behandlung von Alkoholabhängigen bestehende Dogma der Notwendigkeit einer sofortigen disziplinarischen Entlassung von rückfälligen Patienten aus therapeutischen Gründen als empirisch nicht haltbar erwiesen.

Insbesondere erscheint es problematisch, die vermutete Behandlungsmotivation des Patienten als Entscheidungskriterium dafür zu nehmen, ob eine Weiterbehandlung trotz des Rückfalls sinnvoll ist oder nicht:

– die Behandlungsmotivation des Patienten ist u.U. durch seinen Rückfallschock verringert,

– die von einem rückfälligen Patienten verbal geäußerte Behandlungsbereitschaft ist stark von seiner interaktiven Fähigkeit und sozialen Intelligenz abhängig,

– die im Moment eines Rückfalls geäußerte Behandlungsbereitschaft eines Patienten sagt wenig über seine Motivation und Fähigkeit in künftigen Risikosituationen aus.

Ebensowenig erscheint es sinnvoll, eine bestimmte Zahl von Rückfällen als Entscheidungskriterium festzulegen. Zum einen kann dadurch bei Patienten der Eindruck erweckt werden, eine bestimmte Anzahl von Rückfällen sei gewissermaßen „frei". Zum anderen wird hierbei übersehen, daß ein Rückfall in der Behandlung eines Patienten jeweils eine vollkommen unterschiedliche Bedeutung haben kann.

Im einzelnen wird folgender Ablauf im Umgang mit rückfälligen Patienten vorgeschlagen (siehe auch Karte „Umgang mit rückfälligen Patienten" im Anhang).

5.1 Medizinische Abklärung / Versorgung

Der Rückfall eines Alkoholabhängigen ist prinzipiell ein potentiell gefährlicher Krisenzustand. Es ist daher dringend zu empfehlen, rückfällige Patienten als erstes einem Arzt vorzustellen. Der Arzt entscheidet über die Weiterbehandlungsmöglichkeit, das medizinisch indizierte Procedere und die gegebenenfalls notwendige Medikation.

5.2 Wieder nüchtern werden

Längere Gespräche und unsystematische Zuwendung bei intoxikierten Patienten vermeiden

Als nächstes ist zu klären, wie der Patient wieder nüchtern werden kann, ohne eine Überbeanspruchung des therapeutischen Personals und Angehörigen oder unzumutbare Belästigung für Mitpatienten darzustellen. Längere Gespräche und unsystematische Zuwendung insbesondere bei stark intoxikierten oder demoralisierten Patienten sind zu vermeiden. Sie sind nicht nur nutzlos, sondern geradezu schädlich, da sie eine ungewollte Verstärkung des Problemverhaltens durch vermehrte Zuwendung und Aufmerksamkeit darstellen. Erforderlich ist vielmehr eine klare Struktur, um den Patienten zu verantwortlichem Verhalten und damit einem Wiederaufbau seiner Abstinenzzuversicht zurückzuführen. Dem Patienten sollte klar gemacht werden, daß eine Weiterbehandlung seine Kooperation (auch in angetrunkenem Zustand) voraussetzt. Geregelt werden muß im Einzelnen:

Weiterbehandlung von Kooperation des Patienten abhängig machen

— wo sich der Patient aufhält, bis er wieder nüchtern ist,

— wer sich wie oft in dieser Zeit um den Patienten kümmert

Eine Weiterbehandlung von rückfälligen Patienten erscheint nur sinnvoll, wenn in dieser Hinsicht Einigkeit mit dem Betroffenen erzielt werden kann und der Patient die Vereinbarungen auch erkennbar einzuhalten bemüht ist.

5.3 Therapie- und Abstinenzsicherung

Anstelle von Ursachenforschung Aufmerksamkeit auf die künftige Bewältigung von Rückfallrisikosituationen lenken

Erst wenn die akute Krisensituation des Patienten überwunden ist (d.h. der Patient wieder nüchtern ist bzw. keine akute Suizidalität oder Dekompensationsgefahr mehr besteht), sollte dem Patienten Gelegenheit gegeben werden, über seinen Rückfall zu erzählen. Allerdings sollte der Patient hierbei von demoralisierender Ursachenforschung über die vermeintlichen Hintergründe seines Rückfalls abgehalten werden. Statt dessen ist seine Aufmerksamkeit (wieder) auf das Konzept der Risikosituation und auf die künftige Bewältigung von Risikosituationen zu lenken. Zentrale Fragen sind:

— Wie ist mit Angehörigen oder Mitpatienten umzugehen, die den Rückfall miterleben mußten?

— Was sollte in der Therapie erfolgen, damit der Patient das nächste Mal die gleiche Risikosituation erfolgreich bewältigen kann?

— Wie kann die Abstinenzzuversicht und der Glaube an die Wirksamkeit der Therapie wiederhergestellt werden?

— In welcher Form sollen die Angehörigen informiert werden?

Die konkreten Therapiemaßnahmen zur künftigen Rückfallprävention hängen stark davon ab, in welcher Therapiephase ein Rückfall eingetreten ist.

–   Bei Rückfällen zu Behandlungsbeginn sollte eher eine Vermeidung von Risikosituationen angestrebt werden. Es geht vorrangig darum, den Patienten vorübergehend in relativer Sicherheit zu halten, bis individuelle Strategien zur Rückfallprävention erarbeitet und eingeübt werden konnten.

–   Falls der Patient in einer späteren Therapiephase rückfällig wurde, sollte er sich nach entsprechender Vorbereitung möglichst bald erneut mit Risikosituationen konfrontieren. Nur so kann er die notwendigen Erfahrungen im Umgang mit Risikosituationen machen und außerdem seine Abstinenzzuversicht wieder erhöhen.

Die Möglichkeit eines Rückfalls während der Behandlung sollte bereits zu Therapiebeginn mit dem Patienten besprochen und konkrete Vereinbarungen für diesen Fall getroffen werden. Auch im weiteren Therapieverlauf sollte das Thema Rückfall immer wieder durch den Therapeuten thematisiert werden. Der Patient sollte regelmäßig aufgefordert werden einzuschätzen, welche Situationen er mittlerweile aus seiner Sicht problemlos bewältigen kann, welche Situation weiterhin ein Risiko darstellen und was er im Falle eines Rückfalls zu tun gedenkt. Dem Patienten kann hierdurch modellhaft demonstriert werden, daß man „furchtlos" über die Möglichkeit eines Rückfalls sprechen kann, der Therapeut in gewisser Weise mit dieser Möglichkeit rechnet, dies also weder die therapeutische Beziehung noch die Behandlung insgesamt in Frage stellen würde. Gleichzeitig ist allerdings zu verdeutlichen, daß eine Weiterbehandlung bei einem Rückfall an bestimmte Bedingungen geknüpft ist.

Möglichkeit eines Rückfalls während der Behandlung regelmäßig ansprechen

6 Die Einbeziehung von Angehörigen

Eine der eindrucksvollsten Veränderungen in der Praxis der Suchtbehandlung im Verlauf der letzten 30 Jahre besteht darin, daß sich die therapeutischen Bemühungen zunehmend auch auf die Lebenspartner und Angehörigen eines Abhängigen erstrecken. Ein guter Überblick der hierbei entwickelten Behandlungsmethoden findet sich bei O'Farrell (1993). Diese lassen sich in drei Gruppen unterteilen:

–   Paar- und familientherapeutische Ansätze, um Alkoholabhängige zu einer Behandlung zu motivieren,

–   Paar- und familientherapeutische Ansätze zur unmittelbaren Behandlung von Alkoholabhängigen,

–   Paar- und familientherapeutische Ansätze zur Rückfallprävention.

81

Beschrän-
kung auf
realisti-
sche Ziele
in der
Einbezie-
hung von
Angehö-
rigen
Innerhalb der von den Leistungsträgern üblicher Weise finanzierten Alko-
holentwöhnungsbehandlung im deutschen Sprachraum sind einer Einbeziehung von Angehörigen allerdings relativ enge zeitliche Grenzen gesetzt,
so daß schwerwiegende Partner- oder Familienprobleme der Patienten nicht
„gelöst" werden und keine tiefgreifende Veränderungen in der Beziehungs-
struktur eingeleitet werden können. Vor diesem Hintergrund sollte sich die
Arbeit mit Angehörigen in der Behandlung von Alkoholabhängigen primär
auf folgende Therapieziele begrenzen:

– (Wieder)Aufbau positiven Erlebens und gegenseitigen Verstehens in der
   Partnerschaft, um dadurch die Abstinenzzuversicht aller Beteiligten zu
   erhöhen.

– Verbesserung der Kommunikations- und Konfliktlösefertigkeiten eines
   Paares, um dadurch die Voraussetzung für eine gemeinsame Bewältigung von Rückfallrisiken zu verbessern.

– Erarbeiten eines konkreten Notfallplans im Umgang mit drohenden oder
   bereits eingetretenen Rückfällen.

Im folgenden sollen fünf Therapie-Bausteine beschrieben werden, aus denen sich die Arbeit mit Angehörigen im konkreten Einzelfall zusammen-
setzen kann. Hierbei sind sowohl Paargespräche mit einzelnen Paaren möglich als auch die Zusammenfassung von mehreren Paaren in sogenannten
Partnerseminaren. Weitere Anregungen finden sich insbesondere bei Schneider (1982) und Schindler et al. (1998).

6.1 Motivierung der Angehörigen

Die
Motivie-
rung von
Ange-
hörigen
beginnt im
Erst-
kontakt
Die Motivierung der Angehörigen zur Mitarbeit in der Behandlung beginnt
bereits im Erstkontakt. Insbesondere ist eine gelungene, verständnisvolle
Verabschiedung der Angehörigen entscheidend für ihre weitere Kooperati-
onsbereitschaft in der Therapie.

> „Als erstes möchte ich mich für Ihr Herkommen bedanken. Sie haben mir
> dadurch sehr geholfen. Zum einen konnte ich wenigstens einen gewissen
> Eindruck davon bekommen, was Sie in der letzten Zeit mitmachen mußten,
> zum anderen habe ich durch Sie wichtige Anhaltspunkte bekommen, was
> wir in der Therapie Ihres Partners berücksichtigen müssen."

Es sollten Telefonkontakte bzw. ein gemeinsamer Termin vereinbart werden, außerdem ist die telefonische Erreichbarkeit der Therapeuten durch
Angehörige abzuklären. Schließlich kann den Angehörigen Informations-
material über Alkoholabhängigkeit und Selbsthilfegruppen für Angehörige
mitgegeben werden. Am besten hierbei an Fragen der Angehörigen zur
Therapie anknüpfen:

> „Leider kann ich Ihre berechtigten Fragen zum weiteren Fortgang der Behandlung jetzt noch gar nicht beantworten, weil wir Ihren Partner ja noch nicht gründlich untersucht haben. Wie wäre es, wenn wir das zu einem späteren Zeitpunkt nachholen. Ich wollte Sie sowieso zu einem Termin einladen."

Falls Angehörige kein Interesse an einer Mitarbeit haben, sollte der Therapeut hierfür Verständnis zeigen und gleichzeitig die Vorteile einer Einbeziehung benennen. Nach Möglichkeit sollte die endgültige Entscheidung der Angehörigen verschoben werden:

> „Wissen Sie, ich glaube, ich kann Sie ganz gut verstehen. Jahrelang haben Sie sich erfolglos bemüht und viel mitmachen müssen. Jetzt bekommt Ihr Partner eine Behandlung in schöner Umgebung und nun sollen Sie auch noch zum Therapieerfolg beitragen. Da würde ich auch denken, ich will jetzt meine Ruhe, das soll er alles ganz allein hinkriegen. Und wenn Sie darauf bestehen, können wir das natürlich auch so handhaben, daß wir Sie ganz aus der Behandlung heraushalten.
> Andererseits machen wir oft die Erfahrung, daß in diesem Fall die Interessen und Bedürfnisse von Angehörigen in der Therapie nicht genügend berücksichtigt werden. Wenn der Betroffene dann nach der Behandlung nach Hause zurückkehrt, paßt alles nicht mehr so recht. Vielleicht überlegen Sie sich das noch mal, Sie können mich jedenfalls immer unter der Nummer ... telefonisch erreichen."

In ähnlicher Weise kann sich der Therapeut aktiv um den Kontakt zu Angehörigen bemühen, falls diese beim Erstkontakt nicht anwesend waren.

6.2 Vermittlung eines therapierelevanten Modells über Abhängigkeit und Partnerschaft

Angesichts der zeitlichen Begrenzung kommt es bei der Arbeit mit Angehörigen vor allem darauf an, den unter Umständen erheblichen Widerstand sowie typische Ängste oder Bedenken der Betroffenen zügig abbauen zu können und zu einer konstruktiven Mitarbeit zu gelangen:

— Der Abhängige befürchtet häufig, bei einer Einbeziehung der Angehörigen durch die Angaben oder Vorwürfe seiner Bezugspersonen zu Einzelheiten seiner Trinkvergangenheit bloßgestellt zu werden.

— Die Partner eines Alkoholabhängigen mißverstehen die Einladung zur Therapie häufig so, daß sie für die Entstehung der Abhängigkeit mitverantwortlich gemacht werden sollen.

— Beide gemeinsam haben oft Angst, daß durch die Therapie ihre Partnerschaft durcheinandergebracht werden könnte.

Widerstände gegen eine Einbeziehung von Angehörigen

Zu Beginn der Gespräche sollte daher gemeinsam mit den Betroffenen ein Modell bezüglich Abhängigkeit und Partnerschaft vermittelt werden, das einerseits alle Beteiligten von gegenseitigen Schuldzuweisungen entlastet, andererseits aber ihre gemeinsame Einflußmöglichkeiten auf die Aufrechterhaltung der Abstinenz betont:

> „Um Ihnen zu erläutern, wozu ich Sie heute als Paar bzw. Familie eingeladen habe, möchte ich, daß Sie sich einmal vorstellen, welche Veränderungen sich zwangsläufig innerhalb einer Familie ergeben, wenn ein Familienmitglied an einer Tuberkulose erkrankt."

Zwangsläufige Veränderungen durch Krankheit	Gefühl des Kranken	Gefühl des Partners oder Angehörigen

Der Therapeut notiert an einer Wandtafel alle Veränderungen, die die Teilnehmer nennen, jeweils untereinander in einer Spalte. Zu jeder Veränderung sollen die Teilnehmer außerdem angeben, welches Gefühl dadurch beim „Kranken" und welches Gefühl dadurch bei den „Gesunden" in der Familie entstehen kann.

Zwangs-
läufigkeit
von
Verände-
rungen in
der Familie
betonen

Der Therapeut betont hierbei immer wieder die Zwangsläufigkeit der krankheitsbedingten Veränderungen und die Verständlichkeit der dadurch ausgelösten, meist sehr unterschiedlichen Gefühle bei „Kranken" und „Gesunden". Er erläutert wie diese Situation ohne Schuld oder Böswilligkeit der Betroffenen zu vermehrten Konflikten bzw. Entfremdung innerhalb der Familie führen kann.

In einem zweiten Schritt werden die Teilnehmer gebeten, sich nun die Veränderungen innerhalb der Familie vorzustellen, wenn der „Kranke" nach langer Zeit wieder gesund wird, und jeweils die dann entstehenden Gefühle bei ihm und den „Gesunden" in der Familie anzugeben. Der Therapeut notiert wieder alle Teilnehmeräußerungen in drei Spalten. In der Diskussion betont der Therapeut vor allem, daß auch die lang ersehnte Beendigung einer Krankheit zwangsläufig mit erneuten Veränderungen innerhalb der Familie verbunden sein kann, die ebenfalls zu erheblichen Konflikten führen können. Als Ziel der Einbeziehung der Bezugspersonen in die Entwöhnungsbehandlung leitet er daraus ab, den Beteiligten bei den zu Beginn der Abstinenz unvermeidbaren Veränderungen innerhalb ihrer Partnerschaft bzw. Familie helfen zu wollen:

> „Sie haben sicherlich schon bemerkt, daß vieles, was wir jetzt am Beispiel einer organischen Krankheit zusammengetragen haben, ganz besonders auch auf die Situation einer Alkoholabhängigkeit zutrifft. Weil wissenschaftliche Untersuchungen ergeben haben, daß es für die Partner im Falle einer Alkoholabhängigkeit oftmals nicht leicht ist, gemeinsam mit diesen typischen Veränderungen fertig zu werden, andererseits aber eine erfolgreiche Bewältigung entscheidenden Einfluß auf die Abstinenz hat, möchte ich Ihnen helfen, über diese Dinge konstruktiv und offen zu reden."

6.3 Steigerung positiven Erlebens in der Partnerschaft

Früher oder später wird die Entwicklung einer Alkoholabhängigkeit dazu führen, daß der Betroffene verstärkter Kritik von seiten seines Lebenspartners ausgesetzt ist. Die mangelnde Einsicht des Betroffenen führt hierbei auf Dauer zu immer heftigeren Vorwürfen des Partners, worauf ersterer in der Regel seinerseits mit verstärkter Aggression und Kritik reagiert usw. Entsprechend sind für die Partnerschaften von Abhängigen folgende typischen Interaktionsmuster festgestellt worden:

— viele feindliche und aversive Reaktionen,

— wenig positive Interaktionen (inkl. Sex),

— viele Versuche, sich gegenseitig zu kontrollieren,

— viel Kritik/Zweifel wegen Trinken,

— wenig gemeinsame, positive Freizeitaktivitäten,

— ständiges „Aufwärmen" der Vergangenheit.

Typische Interaktionsmuster in Partnerschaften von Alkoholabhängigen

Die Folge eines solchen Zwangsprozesses zunehmender gegenseitiger Kritik ist aber vor allem, daß beide Partner ihre Beziehung immer negativer erleben und zunehmend weniger Zutrauen in ihre Partnerschaft haben. Selbst mit Beginn der Abstinenz kann es für beide Partner schwer sein, aus diesem negativem Zwangsprozeß herauszufinden, wie der folgende Dialog verdeutlichen soll:

Zwangsprozeß zunehmender gegenseitiger Kritik

Partner: „Ich freue mich, daß Du so pünktlich bist und nicht wie früher total besoffen nach Hause kommst."
Abhängiger: „Muß Du immer mit der Vergangenheit kommen. Außerdem war ich nicht immer besoffen, das weißt Du genau."
Partner: „Na selbstverständlich, mindestens dreimal die Woche."

Rückfall-
prophylaxe
durch
Steigerung
des
positiven
Erlebens
in der
Partner-
schaft

Im Sinne der Rückfallprophylaxe ist es vor diesem Hintergrund von zentraler Bedeutung, das gegenseitige Zutrauen der Partner durch vermehrte, positive Interaktionen zu erhöhen. Im einzelnen werden hierbei folgende Veränderungen angestrebt:

– mehr „bedingungslose" gegenseitige positive Verstärkung,

– mehr positiv gefärbte Interaktionen,

– (Wieder)Entdecken des positiven Potentials der Partnerschaft.

Übungen zur Steigerung des positiven Erlebens und gegenseitigen Verstehens in der Partnerschaft

Komplimente machen: Die Partner werden während der Therapiesitzungen wiederholt gebeten, sich gegenseitig für Verhaltensweisen oder kleine Gesten etc. zu loben, die ihnen positiv aufgefallen sind oder sie gefreut haben.

Positive Gefühle äußern: Die Partner lernen in Rollenspielen, sich in entsprechenden Situationen gegenseitig positive Gefühle mitzuteilen und auf positive Gefühlsäußerungen des anderen einzugehen.

Betthupferldose: Jeder Partner schreibt eine Reihe von kleinen Wünschen oder Vorlieben auf, die ihm der andere erfüllen könnte. Jeder Partner wählt aus dieser in einer Dose befindlichen „Vorratsliste" für jeden Tag eine kleine Freude aus, die er dem anderen machen wird.

Den Partner beim Verwöhnen „erwischen": Die Partner sollen sich beobachten und aufschreiben, welche Verhaltensweisen des anderen ihnen guttun. Anschließend berichten beide über ihre Beobachtungen in Anwesenheit des Therapeuten.

Gemeinsame Aktivitäten planen: Die Partner vereinbaren für die Zeit zwischen den Therapiesitzungen gemeinsame positive Aktivitäten, die im Laufe der Abhängigkeitsentwicklung immer seltener geworden waren.

Verwöhntage: Jeder Partner wählt einen Tag oder Abend aus, an dem er den anderen verwöhnen und ihm besondere Zuneigung oder Aufmerksamkeit entgegenbringen will.

Belohnungstagebuch: Die Partner sollen in der Zeit zwischen den Therapiesitzungen für jeden Tag notieren, durch welche Verhaltensweisen des anderen sie sich belohnt oder bestärkt gefühlt haben. Sie berichten hierüber in der nächsten Sitzung.

Es ist erstaunlich, welchen starken Einfluß diese einfachen und vor allem wenig ängstigenden Übungen auf das Interaktionsverhalten selbst bei äußerst angespannten und konfliktreichen Paarkonstellationen haben können. Oftmals entsteht zwischen den Partnern ein Gefühl von Zuneigung und Verständnis, das sie im Verlauf der Abhängigkeitsentwicklung lange Zeit vermißt haben. Wichtige Nebeneffekte dieser Übungen sind:

– Abbau von Angst der Beteiligten vor der Behandlung,

– Abbau von Angst der Partner, offen miteinander zu reden,

– Indirekte und relativ streßfreie Einübung von günstigen Kommunikationsregeln,

– Günstige Diagnostikmöglichkeit für den Therapeuten.

Insofern empfiehlt es sich, diese Übungen v.a. an den Anfang der Arbeit mit Angehörigen zu stellen.

6.4 Verbesserung der partnerschaftlichen Kommunikations- und Konfliktlösefähigkeiten

Während einerseits eine Zunahme von ernsthaften Konflikten innerhalb der Partnerschaft eines Abhängigen unausweichlich ist, konnten andererseits in diesen Partnerschaften eine Reihe typischer Kommunikationsdefizite festgestellt werden:

– uneindeutiger Kommunikationsstil,

– indirekter Kommunikationsstil,

– wenig problemorientierte Gespräche,

– keine direkte Kommunikation auf Beziehungsebene,

– Übergeneralisieren,

– Perserverationen (z.B. ewiges „Aufwärmen" der Vergangenheit),

– häufige und abrupte Themenwechsel,

– „Gedanken lesen" (Streit über Vermutungen und Unterstellungen),

– Verzerrungen.

Typische Kommunikationsdefizite von Alkoholabhängigen und ihren Partnern

Die Folge dieser Kommunikationsdefizite ist, daß selbst relativ harmlose Auseinandersetzungen bzw. Auffassungsunterschiede zu schwerwiegenden Konflikten werden können, wie sich anhand des folgenden Interaktionsausschnittes eines Paares zu Beginn der Abstinenz eines Alkoholabhängigen verdeutlichen läßt:

Häufige Konflikteskalation

Partner: „Wann kommst Du heute nach Hause?"
Abhängiger: „Spionierst Du mir noch immer nach?"
Partner: „Noch einmal will ich das alles nicht miterleben."

Die Partner sind hierbei nicht in der Lage, dem anderen ihre Empfindungen und Überlegungen verständlich und direkt mitzuteilen. Im Kommunikationstraining werden den Partnern daher bestimmte Sprecher- und Zuhörerregeln vermittelt, die auf folgenden Annahmen beruhen:

– Die Form, in der der Sprecher etwas ausdrückt, bestimmt, ob der Zuhörer den Inhalt erfassen kann, den der Sprecher ihm vermitteln möchte. Beispielsweise erzeugen Vorwürfe mit großer Wahrscheinlichkeit Gegenvorwürfe oder Rechtfertigungen. Ein offenes Mitteilen eigener Empfindungen und Überlegungen erhöht dagegen die Wahrscheinlichkeit, daß der Zuhörer positiv darauf eingehen kann.

– Genauso wichtig ist die Reaktion des Zuhörers auf den Sprecher. Bei einem partnerschaftlichen Gespräch müssen sich direkte Äußerungen und positives Eingehen hierauf ergänzen, sonst stellen die Partner nur wechselseitig Aussagen in den Raum, ohne sich aufeinander zu beziehen.

Kommunikationsregeln Entsprechend werden mit den Teilnehmern folgende *vier Kommunikationsregeln* erarbeitet und in Rollenspielen eingeübt:

– sich gegenseitig anschauen

– eigene Gefühle und Wünsche direkt äußern (anstelle von Vorwürfen, Anklagen oder der Diskussion über „richtig" und „falsch")

– aufnehmendes Zuhören (dem Partner nonverbal zeigen, daß man zuhört, sich ihm zuwenden, ihn aussprechen lassen)

– Paraphrasieren (die Äußerungen des Partners zunächst in eigenen Worten wiederholen, um deutlich zu machen, daß man ihn verstanden hat)

Standardsituationen erleichtern die Veränderung der partnerschaftlichen Kommunikation Diese Kommunikationsregeln werden mit den Teilnehmern in gestufter Form anhand von zunehmend schwereren Situationen geübt. Zunächst werden daher Standardübungssituationen durch den Therapeuten vorgegeben:

● *Bildbeschreibung.* Das Paar sitzt Rücken an Rücken, ein Partner (Sprecher) erhält ein Bild, das er dem anderen (Zuhörer) beschreiben soll. Der Zuhörer formuliert in regelmäßigen Abständen, wie er sich das Bild vorstellt. Der Sprecher hat die Aufgabe, die Vorstellung des Zuhörer jeweils durch weitere Informationen zu ergänzen. Am Ende kann der Zuhörer seine Vorstellung mit dem tatsächlichen Bild vergleichen.

● *Zu spät kommen.* Der abstinent lebende Alkoholabhängige kommt an einem Abend sehr viel später nach Hause als vereinbart. Der nichtabhängige Partner hat sich große Sorgen gemacht und auch einen Rückfall befürchtet. Es ist allerdings zu keinem Rückfall gekommen. Der nichtabhängige Partner versucht, seine Gefühle direkt auszudrücken.

● *Rückfallverdacht.* Der nichtabhängige Partner verdächtigt zu Unrecht den abhängigen Partner eines Rückfalls. Der abhängige Partner versucht, seine Gefühle direkt auszudrücken.

- *Unwohlsein.* Das Paar ist bei Freunden zu einem Fest eingeladen. Alle Anwesenden trinken viel Alkohol und amüsieren sich gut. Der abhängige Partner fühlt sich nicht wohl in dieser Gesellschaft und will daher nach Hause gehen. Der nichtabhängige Partner würde gern noch etwas bleiben. Der abhängige Partner versucht, seine Gefühle direkt auszudrücken.

- *Erziehungsfragen.* Der abhängige Partner merkt bei seiner Rückkehr aus der Therapie, daß der nichtabhängige Partner den Kindern etwas erlaubt hat, was er früher immer verboten hatte. Der abhängige Partner versucht, seine Gefühle direkt auszudrücken.

- *Freundeskreis.* Der abhängige Partner will seine alten Freunde treffen. Der nichtabhängige Partner ist dagegen, weil er einen Rückfall befürchtet. Der nichtabhängige Partner versucht, seine Gefühle direkt auszudrücken.

- *Wünsche aushandeln.* Die Partner planen ein gemeinsames Wochenende. Sie üben hierbei den wiederholten Wechsel von Sprecher- und Zuhörerrolle.

Erst wenn die Partner die Kommunikationsregeln besser beherrschen, werden sie vom Therapeuten ermutigt, konkrete Probleme in ihrer Partnerschaft anzusprechen und an einer Lösung zu arbeiten.

Der Therapeut ist bei allen Übungen sehr aktiv und greift ein, wenn die Partner die Kommunikationsregeln verletzten. Wichtig ist die klare Instruktion der Beteiligten über Ziele und Aufgaben jedes Einzelnen im Rollenspiel. Während der Rollenspiele versucht der Therapeut leitend oder verstärkend einzugreifen, indem er z.B.:

Aktive und direktive Haltung des Therapeuten erforderlich

- Alternativen souffliert, wenn der Sprecher sich nicht klar ausdrückt,

- Fortschritte spontan lobt,

- die Körperhaltung oder den Blickkontakt der Beteiligten möglichst ohne Unterbrechung des Gesprächs korrigiert,

- kurze Instruktionen gibt.

Gelegentlich müssen Rollenspiele auch unterbrochen werden, um therapeutische Rückmeldung zu geben oder um modellhaft dem Paar Alternativen aufzuzeigen.

Zwischen den Therapiesitzungen sollten den Beteiligten Aufgaben erteilt werden, um ihre Kommunikationsfertigkeiten im Alltag zu erproben.

6.5 Rückfallprophylaxe unter Einbeziehung der Angehörigen

Studien konnten zeigen, daß sich die durch die Einbeziehung von Angehörigen erzielten signifikant höheren Abstinenzquoten nach zwei Jahren zu verlieren drohen. Eine gezielte Rückfallprophylaxe unter Einbeziehung der Lebenspartner sollte daher folgende Ziele anstreben:

- *Enttabuisierung des Rückfalls.* Häufig versuchen Alkoholabhängige und ihre Lebenspartner die Möglichkeit eines Rückfalls vollkommen zu verdrängen: Der Abhängige vermeidet ein Gespräch darüber oftmals aus Angst, das Mißtrauen seiner Bezugspersonen zu wecken. Letztere befürchten oftmals ihrerseits, den Betroffenen durch ein solches Gespräch auf die Idee eines Rückfalls zu bringen. Die Voraussetzung jeder partnerschaftlichen Rückfallprophylaxe ist daher, offen über dieses Thema zu sprechen.

- *Frühzeitiges Erkennen von Risikosituationen.* Nur wenn die Lebenspartner eines Alkoholabhängigen seine individuell relevanten Rückfallrisikosituationen rechtzeitig erkennen, können sie ihn bei einer abstinenten Bewältigung gezielt unterstützen.

- *Gemeinsame Bewältigung von Risikosituationen.* Um einen synergetischen Effekt zu erzielen, ist es erforderlich, daß ein Alkoholabhängiger und seine Lebenspartner ihre Bewältigungsversuche in einer Risikosituation koordinieren.

- *Gemeinsame Bewältigung von Rückfällen.* Rückfälle werden oft durch die verständliche Enttäuschung und entsprechende Vorwürfe der Lebenspartner ungewollt verschlimmert. Es bedarf daher eines realistischen, gemeinsam vereinbarten Procedere, um die potentiellen Ressourcen eines stabilen sozialen Stützsystems im Falle eines Rückfalls auch tatsächlich nutzen zu können.

Gezielte Übungen zur Rückfallprävention unter Einbeziehung der Angehörigen

Unter Einbeziehung der Lebenspartner können hierzu folgende Übungen durchgeführt werden:

- *Gemeinsames Bauen eines Rückfalls.* Diese Übung (Petry, 1995) bietet eine spielerische, angstfreie Möglichkeit, das Thema Rückall einzuführen und den Teilnehmern ein therapierelevantes Rückfallmodell zu vermitteln. Die Teilnehmer werden gebeten, auf möglichst vielen Kärtchen alles aufzuschreiben, was man für die Entstehung eines Rückfalls benötigt. Alle diese Kärtchen sollen dann von den Teilnehmern gemeinsam in eine sinnvolle Reihenfolge gebracht werden, wie sie sich das Zustandekommen eines Rückfalls vorstellen bzw. erklären. Bei der Diskussion versucht der Therapeut, mit den Teilnehmern geeignete Möglichkeiten für die Vermeidung von Rückfällen abzuleiten.

90

- *Gemeinsame Analyse eines Rückfalls.* Der Alkoholabhängige und seine Angehörigen versuchen in dieser Übung, ihr gemeinsam erarbeitetes Rückfallmodell auf einen tatsächlich erlebten Rückfall in der Vergangenheit anzuwenden. Sie diskutieren hierbei insbesondere, welche Eingriffs- und Bewältigungsmöglichkeiten geeignet gewesen wären.

- *Gemeinsame Stimuluskontrolle.* Die Teilnehmer diskutieren, welche Auslösebedingungen für einen Rückfall künftig gemieden werden sollen. Z.B. sollte entschieden werden, ob und falls ja in welcher Form künftig Alkohol im Haus sein soll, ob der Kontakt zu bestimmten Trinkkumpanen aufrechterhalten werden soll, wie bei Familienfeiern oder Kochrezepten mit Alkohol verfahren werden soll, wie die Lebenspartner in Gegenwart des Betroffenen mit Alkohol umgehen werden.

- *Partnerschaftlicher Umgang mit Rückfallverdacht.* (vgl. Kapitel 4.9.3)

- *Erarbeitung eines gemeinsamen Notfallplans.* (vgl. Kapitel 4.8)

7 Varianten der Behandlungsmethoden und Kombinationen

7.1 Medikamentöse Behandlung

Vor dem Hintergrund biochemischer Suchtmodelle wurden eine Reihe von sogenannten „Anti-Craving"-Medikamenten entwickelt mit dem Ziel, die Abstinenzraten v.a. im ambulanten Setting durch eine medikamentöse Verringerung des Verlangens nach Alkohol zu erhöhen. Acamprosat (Campral®) ist das bisher einzige in der Bundesrepublik zugelassene „Anti-Craving"-Medikament. Es entwickelt eine erregungshemmende Wirkung im ZNS durch eine Hemmung der exizitatorischen Wirkung von Glutamat und durch eine Verstärkung der hemmenden Wirkung von GABA und Taurin. Die besten Therapieerfolge zeigte eine Dosierung von 3x2 Tabletten (1998mg) am Tag. Bislang besteht noch keine Einigung darüber, wie lange eine Therapie mit Acamprosat erfolgen sollte. Aufgrund der besonders hohen Rückfallwahrscheinlichkeit innerhalb des ersten Jahres der Abstinenz sollte eine Behandlung über 1 Jahr angestrebt werden. Dagegen ist eine kurzfristige Gabe von Acamprosat in Krisensituationen nicht sinnvoll, da ein wirksamer Spiegel erst nach 7 Tagen erreicht wird. Nach Wetterling et al. (1996) ist eine Behandlung mit Acamprosat nur dann erfolgversprechend, wenn:

„Anti-Craving"-Medikamente entwickelt

Behandlung über 1 Jahr anzustreben

Indika-
tions-
kriterien
für „Anti-
Craving"-
Medikation

- die Diagnose einer Alkoholabhängigkeit gesichert ist,

- kein Mißbrauch oder Abhängigkeit von anderen Suchtstoffen besteht,

- keine psychiatrische Begleiterkrankung vorliegt,

- der Patient eindeutige Abstinenzmotivation besitzt,

- eine erfolgreiche körperliche Entgiftungsbehandlung erfolgt ist oder der Patient abstinent ist,

- Alkoholverlangen wiederholt in Zusammenhang mit einem Rückfall aufgetreten ist,

- eine regelmäßige Einnahme des Medikaments gewährleistet ist,

- eine regelmäßige Wiedervorstellung zur Therapiekontrolle gewährleistet ist,

- eine regelmäßige Teilnahme an Selbsthilfegruppen oder an weiteren therapeutischen Maßnahmen gewährleistet ist.

Ein großes Problem stellt bei der Behandlung mit Acamprosat die hohe Abbruchrate wie bei allen ambulanten Behandlungsansätzen in der Behandlung von Alkoholabhängigen dar. Dagegen macht der Einsatz von Acamprosat im stationären Setting nur in Ausnahmefällen Sinn. Hier kann einer Überforderung eher durch Vermeidung von Rückfallrisikosituationen vorgebeugt werden.

7.2 Gruppentherapie

Insbesondere die stationäre Behandlung von Alkoholabhängigen erfolgt in der Regel innerhalb von Gruppen mit 10-12 Patienten. Heutzutage handelt es sich hierbei in der Regel um sogenannte „halboffene" Gruppen, bei denen ausscheidende Patienten durch neue Patienten ersetzt werden. Der Vorteil von halboffenen Gruppen gegenüber sog. „geschlossenen" Gruppen besteht in der Möglichkeit individuell unterschiedlich langer Therapiedauern in Abhängigkeit von der Problematik eines Patienten sowie in einer erheblich besseren Auslastung der Behandlungsplätze. Ausführliche Gruppentherapiemanuale sind von Petry (1995) und Schneider (1982) beschrieben worden.

Aufgrund der ständigen Fluktuation der Patienten innerhalb halboffener Gruppen ist es nur bedingt möglich, über eine längeren Zeitraum an einer bestimmten Thematik zu arbeiten. Es empfiehlt sich statt dessen, jeweils für jeden einzelnen Patienten einen inhaltlichen Verlauf innerhalb der Gruppentherapie zu konzipieren, der dann intervallmäßig über mehrere Gruppenstunden fortgeführt werden kann. In den einzelnen Gruppentherapiesitzungen stehen dadurch jeweils mehrere Patienten nacheinander für eine begrenzte Zeit im Mittelpunkt. Die Gruppe kann hierbei sowohl als sachkundige Zuhörerschaft, als Übungsfeld oder als Mitbetroffene einbezogen werden.

Mögliche Abfolge einzelner Therapieinhalte eines Patienten im Verlauf einer mehrmonatigen Gruppentherapie
Vorstellung
Der neue Patient stellt sich den Mitgliedern seiner Bezugsgruppe vor. Er erläutert, wozu er sich in Therapie begeben hat. Die Mitpatienten stellen sich ebenfalls kurz vor und kommentieren die Vorstellung des neuen Patienten.
Darstellung der Suchtkarriere
Der Patient erläutert anhand einer für alle sichtbar aufgemalten sogenannten „Lebenslinie" (vgl. Kapitel 4.2.3) seine Suchtkarriere. Er beschreibt v.a. sogenannte „Wendepunkte", an denen sein Alkoholkonsums zugenommen bzw. abgenommen hat. Er stellt sich hierbei den kritischen Nachfragen seiner Mitpatienten.
Abwehrmechanismen
Der Patient listet zunächst alle negativen Auswirkungen seines Alkoholkonsums auf und erläutert dann, auf welche Weise er früher gegenüber sich und anderen versucht hat, diese zu verheimlichen bzw. zu verharmlosen. Die Mitpatienten vergleichen dies mit ihren eigenen Abwehrmechanismen.
Rückfallrisikosituationen
Der Patient erläutert, welche Situationen für ihn ein besonderes Rückfallrisiko enthalten. Gemeinsam mit den Mitpatienten werden die wichtigen Bestandteile (sog. „Trigger") der Rückfallrisikosituationen des Patienten herausgearbeitet.
Abhängigkeitsverständnis
Der Patient stellt in der Gruppentherapie zur Diskussion, woran er erkennt, daß er alkoholabhängig ist. Patienten, die sich nicht für alkoholabhängig halten, können dies zur Diskussion stellen.
Vorstellung der persönlichen Therapieziele und des Therapieplans
Der Patient stellt seine persönlichen Therapieziele und seinen Therapieplan zur Diskussion.
Notfallplan im Falle eines Rückfalls
Der Patient berichtet über seinen Notfallplan (vgl. Kapitel 4.8) im Falle eines Rückfall und bittet seine Mitpatienten um Rückmeldung.
Ablehnungstraining
Der Patient übt im Rollenspiel das selbstsichere Ablehnen von Alkoholangeboten in sozialen Verführungssituationen (vgl. Kapitel 4.5). Er stellt hierbei zur Diskussion, in welchen Situationen er sich zu seiner Abhängigkeit bekennen will und in welchen nicht.
Planung und Auswertung von Expositionsübungen
Der Patient berichtet über geplante Expositionsübungen (vgl. Kapitel 4.7) zur Rückfallprophylaxe bzw. berichtet über hierbei gemachte Erfahrungen.
Argumente für Abstinenz vertreten
Der Patient stellt zwei wichtige Gründe für seine künftige Alkoholabstinenz in der Therapiegruppe zur Diskussion. Die Mitpatienten versuchen die vorgetragenen Argumente gezielt zu attackieren und zu widerlegen.
Therapiezwischenbilanz
Der Patient stellt seine bisherigen Therapieverlauf innerhalb seiner Therapiegruppe zur Diskussion und bittet um Rückmeldung.

Problemlösetraining
Der Patient bittet die Gruppe um Mithilfe bei der Bewältigung konkreter Schwierigkeiten nach dem Problemlöseprozeß: Genauere Analyse des Problems, Zieldefinition, Brainstorming bezüglich möglichst vieler Lösungsmöglichkeiten, Bewerten jedes einzelnen Lösungsvorschlages, Auswahl einer Lösungsmöglichkeit.
Das erste Jahr nach Entlassung
Der Patient stellt einen möglichst konkreten Plan für das erste Jahr nach Beendigung der Therapie zur Diskussion. Dieser Plan sollte u.a. kritische Rückfallsituationen, Termine für bestimmte Aufgaben und Vorsätze und konkrete Nachsorgebemühungen (z.B. Selbsthilfegruppenbesuch, ambulante Weiterbehandlung) beinhalten.
Heißer Stuhl
Der Patient erbittet von seinen Mitpatienten eine eindeutige und begründete Stellungnahme, ob sie glauben, daß er auf Dauer abstinent leben oder eher wieder rückfällig werden wird.
Abschlußbilanz und Verabschiedung
Der Patient stellt in der Gruppentherapie seine Bilanz der Behandlung zur Diskussion und verabschiedet sich von seinen Mitpatienten.

Mögliche Ziele von Gruppentherapie für den einzelnen Patienten

Der Schwerpunkt kann bei diesen Therapieaufgaben in der Gruppe für den betroffenen Patienten darauf liegen:

– von den Mitpatienten Rückmeldung zu erhalten,

– seine Überlegungen erstmals anderen Menschen anzuvertrauen,

– seine Selbstsicherheit und Selbstbehauptung zu erproben bzw. zu steigern,

– durch die Veröffentlichung eine erhöhte Selbstverpflichtung einzugehen,

– unmittelbare Unterstützung und Hilfe durch Mitpatienten zu erfahren.

Aufgaben des Gruppentherapeuten

Die Aufgabe des Therapeuten besteht v.a. darin:

– neue Patienten die Integration in die Therapiegruppe zu ermöglichen,

– für gute instrumentelle Gruppenbedingungen zu sorgen,

– der Gruppentherapie für jeden einzelnen Patienten inhaltlich einen roten Faden zu geben.

8 Effektivität und Prognose

Zahlreiche Studien belegen die Effektivität der Behandlung von Alkoholabhängigen. Allerdings sind die Untersuchungen zu Therapieergebnissen aus anderen Ländern aufgrund der unterschiedlichen Versorgungsstrukturen nur bedingt auf die Situation in Deutschland übertragbar. Die meisten Studien liegen in Deutschland zur stationären Behandlung vor. Sie weisen Abstinenzquoten von ca. 50% ein bis vier Jahre nach Ende der Behandlung auf. Weitere 3-8% der behandelten Alkoholabhängigen wiesen in diesem Zeitraum einen deutlich gebesserten Zustand auf (Küfner & Feuerlein, 1989). Die stationäre Behandlung in der Bundesrepublik erscheint nach einer meta-analytischen Studie von Süß (1995) damit erfolgreicher (höhere Abstinenz- und Besserungsraten) als in anderen Ländern. Einschränkend ist hierbei zu bemerken, daß es sich hierbei um hochkomplexe Langzeittherapien mit einer Vielzahl von eklektisch-pragmatisch zusammengesetzten Komponenten aus unterschiedlichen Therapierichtungen handelt, so daß keine Aussagen über die Wirksamkeit einzelner konkreter Therapiemaßnahmen möglich sind. Nur für Deutschland konnte ein positiver Zusammenhang zwischen Therapieerfolg und Dauer der stationären Behandlung nachgewiesen werden, in anderen Ländern besteht dieser Zusammenhang offenbar nicht. Brünger et al. (1997) weisen in einer Vergleichsstudie über 10 Jahre darauf hin, daß einerseits eine Zunahme prognostisch ungünstiger Klientenmerkmale und andererseits eine Verkürzung der durchschnittlichen Behandlungsdauer zu verzeichnen ist.

Bislang liegen noch wenig Studien über die ambulante Behandlung von Alkoholabhängigen in Deutschland vor. Eine Überblicksarbeit über ambulante Entwöhnungsbehandlungen im angloamerikanischen Raum ergab im Durchschnitt eine Besserungsrate von 37% (McCrady et al., 1996). Als besonders effektiv erwiesen sich hierbei: Training sozialer Fertigkeiten, Training der Selbstkontrolle, kurze motivationale Beratung, verhaltenstherapeutisch orientierte Paartherapie, Streßbewältigungstraining, Ansätze zur Änderung des sozialen Umfeldes. Tiefenpsychologisch fundierte ambulante Behandlungansätze bei Alkoholabhängigen blieben dagegen jeden Nachweis ihrer Effektivität schuldig. In der Meta-Analyse von Süß (1995) weisen ambulante Therapien nur geringfügig niedrigere Besserungsraten als stationäre Therapien in Fachkliniken auf, allerdings blieben hierbei unterschiedliche Patientenselektionen unberücksichtigt. In mehreren sehr aufwendigen Studien in Europa konnten signifikant erhöhte Abstinenzraten durch den Einsatz des Anticravingmittels Acamprosat (Campral®) bei ambulanter Behandlung von Alkoholabhängigen nachgewiesen werden. Insgesamt ist die Anzahl der Therapieabbrecher bei ambulanten Behandlungsversuchen im Vergleich zu stationären Behandlungsversuchen signifikant höher.

Stationäre Behandlung von Alkoholabhängigen erfolgreich

Keine Aussagen über die Wirksamkeit einzelner Behandlungskomponenten möglich

Der Einsatz von Acamprosat steigert den Erfolg von ambulanter Behandlung

Mehr Therapieabbrecher bei ambulanter Behandlung

**Wider-
sprüch-
liche
Ergebnisse
beim
Vergleich
verschie-
dener
Therapie-
ansätze**

Offenbleiben muß somit gegenwärtig, in welchem Ausmaß signifikante Unterschiede der Behandlungseffekte zwischen verschiedenen Formen der Alkoholentwöhnung bestehen. Miller und Mitarbeiter (1995) kommen aufgrund einer meta-analytischen Auswertung von 219 Studien aus dem angelsächsischen Raum zu dem Ergebnis, daß die Wirksamkeit von Kurztherapien mit unterschiedlichen Teilkomponenten ihre Wirksamkeit am klarsten nachweisen konnten. Ein isolierter Effekt konnte außerdem bei verschiedenen verhaltenstherapeutischen Techniken (u.a. soziales Kompetenztraining, Motivational Interviewing, kognitive Therapie, Verdeckte Sensibilisierung, Expositionsbehandlung, Rückfallprävention, verhaltenstherapeutische Paarbehandlung) nachgewiesen werden, während insbesondere die in den USA übliche Alkoholismusberatung, psychodynamische und familientherapeutische Behandlungsansätze sowie allgemeine Aufklärung bzw. der Einsatz von Filmen keine isolierte Effektivität nachweisen konnten. Auch Süß (1995) stellte in seiner Meta-Analyse eine deutliche, statistisch allerdings nicht signifikante Überlegenheit von verhaltenstherapeutischen Interventionen gegenüber eklektischer Standardtherapie fest. Demgegenüber ergab die sehr aufwendige und methodologisch vorbildliche Studie in den USA (Project Match) entgegen der Erwartung ihrer Autoren, daß sich die Ergebnisse von drei vollkommen verschiedenartigen Therapieverfahren (Motivational interviewing, kognitive Verhaltenstherapie, AA-orientierte Behandlung) nicht wesentlich unterschieden. Es konnte auch kein interaktiver Effekt dergestalt festgestellt werden, daß eine der drei verglichenen Therapieformen für bestimmte Patienten geeigneter gewesen wäre (Project Match Research Group, 1997, 1997a).

**Regelmäßi-
ger Besuch
einer
Selbsthilfe-
gruppe
hilft bei der
kurzfristi-
gen Bewäl-
tigung von
Rückfällen**

In Deutschland liegen bislang so gut wie keine experimentellen Studien (mit Kontrollgruppe) zur Effektivität einzelner Behandlungsmaßnahmen bei Alkoholabhängigen vor. Allerdings konnte gezeigt werden, daß die regelmäßige Teilnahme an einer Selbsthilfegruppe im Anschluß an eine stationäre Behandlung die Chance mehr als verdoppelt, bei einem Rückfall kurzfristig wieder zur Abstinenz zurückkehren zu können (Küfner & Feuerlein, 1989).

96

9 Literatur

9.1 Literaturempfehlung

Kulturgeschichte des Alkoholkonsums

Hübner, R. & Hübern, M. (1994). *Der Deutsche Durst. Illustrierte Kultur- und Sozialgeschichte.* Leipzig: Edition Leipzig.

Spode, H. (1993). *Die Macht der Trunkenheit. Kultur- und Sozialgeschichte des Alkohols in Deutschland.* Opladen: Leske & Budrich.

Wissenschaftliche Nachschlagwerke

Antons, K. & Schulz, W. (1990). *Normales Trinken und Suchtentwicklung. Theorie und empirische Ergebnisse interdisziplinärer Forschung zum sozial integrierten Alkoholkonsum. Bd.1.* (3. Aufl.). Göttingen: Hogrefe.

Drummond, D.C., Tiffany, T.S., Glautier, S. & Remington, B. (Eds.) (1993). *Addictive behaviour. Cue exposure theory and practice.* Chichester: Wiley.

Feuerlein, W. Küfner, H. & Soyka, M. (1998) *Alkoholismus- Mißbrauch und Abhängigkeit. Entstehung – Folgen – Therapie* (5.Aufl.). Stuttgart: Thieme.

Körkel, J., Lauer, G. & Scheller, R. (Hrsg.) (1995). *Sucht und Rückfall. Brennpunkte deutscher Rückfallforschung.* Stuttgart: Enke.

Küfner, H. & Bühringer, G. (1996). Alkoholismus. In K. Hahlweg, & A. Ehlers (Hrsg.), *Enzyklopädie der Psychologie, Band 2, Psychologische Störungen und ihre Behandlung* (S. 437-512). Göttingen: Hogrefe.

Mann, K. & Buchkremer, G. (Hrsg.) (1996). *Sucht – Grundlagen, Diagnostik, Therapie.* Stuttgart: Gustav Fischer.

Singer, M.V. & Teyssen, S. (Hrsg.) (1999). *Alkohol und Alkoholfolgekrankheiten. Grundlagen, Diagnose, Therapie.* Berlin: Springer.

Watzl, H. & Rockstroh, B. (Hrsg.) (1997). *Abhängigkeit und Mißbrauch von Alkohol und Drogen.* Göttingen: Hogrefe.

Therapiemanuale

Arend, H. (1994). *Alkoholismus – Ambulante Therapie und Rückfallprophylaxe.* Weinheim: Psychologie Verlags Union.

Beck, A.T., Wright, F.D., Newman, C.F. & Liese, B.S. (1995). *Kognitive Therapie der Sucht.* Weinheim: Psychologie Verlags Union.

Lindenmeyer, J. (1999). Rückfallprävention. In J. Margraf, (Hrsg.), *Lehrbuch der Verhaltenstherapie, Band 1.* (2. Aufl.). Berlin: Springer.

Lindenmeyer, J. (1999b). Das Tätigkeitsfeld des Psychologen in einer Fachklinik für Suchtkranke. In W. Rief (Hrsg.), *Psychologie in der Klinik.* Stuttgart: Schattauer.

Marlatt, G.A. & Gordon, J.R. (1985). *Relapse prevention. Maintenence strategies in the treatment of addictive behavior.* New York: Guilford Press.

Miller, W. R. & Rollnik, S. (1991). *Motivational interviewing. Preparing people to change addictive behavior.* New York: Guilford Press.

Monti, P.M., Abrams, D.B., Kaden, R.M. & Cooney, N.L. (1989). *Treating Alcohol dependence. A coping skills training guide*. New York: Guilford Press.

O'Farrell, T.J. (Ed.) (1993). *Treating alcohol problems. Marital and family interventions*. New York: Guilford Press.

Petry , J. (1996). *Alkoholismustherapie. Gruppentherapeutische Motivierungsstrategien*. (3. Aufl.). Weinheim: Psychologie Verlags Union.

Schneider, R. (1982). *Stationäre Behandlung von Alkoholabhängigen*. München: Röttger.

Scholz, H. (1996). *Syndrombezogene Alkoholismus Therapie*. Göttingen: Hogrefe.

Sobell, M.B. & Sobell, L. (1993). *Problem drinkers. Guided self-change treatment*. New York: Guilford Press.

Wetterling, T. & Veltrup, C. (1997). *Diagnostik und Therapie von Alkoholproblemen*. Berlin: Springer.

Patientenliteratur

Küfner, H. (1991). *Die Zeit danach*. München: Röttger Verlag.

Lindenmeyer, J. (1998). *Lieber schlau als blau. Informationen zur Entstehung und Behandlungs von Alkohol- und Medikamentenabhängigkeit*. (5. Aufl.). Weinheim: Psychologie Verlags Union.

Merkle, R. (1996). *Ich höre auf, ehrlich. Ein praktischer Ratgeber für Betroffene und Angehörige*. (6. Aufl.). Mannheim: PAL-Verlag.

Schneider, R. (1998). *Die Suchtfibel. Informationen zur Abhängigkeit von Alkohol und Medikamenten*. (12. Aufl.). Baltmannsweiler: Schneider

9.2 Test-Literatur und Dokumentationshilfen

Berlitz-Weihmann, E. & Metzler, P. (1997). *Fragebogen zum funktionalen Trinken (FFT)*. Frankfurt: Swets & Zeitlinger.

Deutsche Gesellschaft für Suchtforschung und Suchttherapie e.V. (Hrsg.) (1992). *Dokumentationsstandards 2 für die Behandlung von Abhängigen*. Freiburg: Lambertus.

Feuerlein, W., Ringer, Ch., Küfner, H., Ringer, C. & Antons, K. (1979). *Münchner Alkoholismustest (MALT)*. Weinheim, Göttingen: Beltz Test GmbH.

Franke, G.H. (1995). *SCL-90 – Die Symptom-Checkliste von Derogatis. Deutsche Version*. Göttingen: Beltz Test GmbH.

Funke, W., Funke, J., Klein, M. & Scheller, R. (1987). *Trierer Alkoholismus Inventar (TAI)*. Göttingen: Hogrefe.

Fydrich, T., Sommer, G., Menzel, U. & Höll, B. (1987). Fragebogen zur sozialen Unterstützung (Kurzform). *Zeitschrift für Klinische Psychologie, 16*, 434-436.

Gsellhofer, B., Küfner, H., Vogt, M. & Weiler, D. (1999). *European Addiction Severity Index. EuropASI. Manual für Training und Durchführung*. Baltmannsweiler: Schneider-Verlag.

Hahlweg, K. (1996). *Fragebogen zur Partnerschaftsdiagnostik (FPD)*. Göttingen: Hogrefe.

Hampel, R. & Selg, H. (1975). *Fragebogen zur Erfassung von Aggressivitätsfaktoren (FAF)*. Göttingen: Hogrefe.

Hautzinger, M., Bailer, M., Worall, H. & Keller, F. (1995). *Das Beck Depressionsinventar – BDI* (2. Aufl.). Göttingen: Hogrefe

Janke, W., Erdmann, G. & Kallus, K.W. (1997). *Streßverarbeitungsfragebogen (SVF)* (2. Aufl.). Göttingen: Hogrefe.

Körkel, J. & Schindler, Ch. (1996). Der Kurzfragebogen zur Abstinenzzuversicht (KAZ-35) – Ein Instrument zur Erfassung der abstinenzorientierten Kompetenzzuversicht Alkoholabhängiger. *Sucht, 42*, 156-166.

Lindenmeyer, J. & Florin, I. (1998). Testgütekriterien einer deutschen Version des Inventory of Drug Taking Situations für Alkoholabhängige (IDTSA). *Verhaltenstherapie, 8*, 26-37.

Margraf, J., Schneider, S. & Ehlers, A. (1995). *DIPS – Diagnostisches Interview bei psychischen Störungen* (2. Aufl.). Berlin: Springer.

Pudel, V. & Westenhöfer, J. (1990). *Fragebogen zum Eßverhalten (FEV)*. Göttingen: Hogrefe.

Saluspat wurde durch die Salus-Klinik Lindow gemeinsam mit ESCO GmbH Düsseldorf auf der Basis von Visual basic entwickelt. Es ist zu beziehen über ESCO GmbH, Postfach 180132, 40568 Düsseldorf.

Simon R. & Strobl, M. (1993). Einsatz von EDV in Einrichtungen der Suchtkrankenhilfe. Stand und mögliche Standards. *Sucht, 39*, 343-349.

Ullrich, R. & de Muynck, R. (1976). *Der Unsicherheitsfragebogen*. München: J. Pfeiffer Verlag.

Watzl H., Rist F., Höcker W. & Miehle K. (1991): Entwicklung eines Fragebogens zur Erfassung von Medikamentenmißbrauch bei Suchtpatienten. In M. Heide & Lieb H. (Hrsg.), *Sucht und Psychosomatik* (S. 123-137). Geesthacht: Neuland.

Wittchen, H.U. & Pfister, H. (1997). *DIA-X Interviews*. Frankfurt: Swets & Zeitlinger.

Wittchen, H.U., Weigel, A. & Pfister, H. (1997). PC-Programm zur Durchführung des DIA-X Interviews. Frankfurt: Swets & Zeitlinger.

Wittchen, H.U., Zaudig, M. & Fydrich, T. (1997). *Strukturiertes Klinisches Interview für DSM-IV (SKID-I und SKID-II). Deutsche Bearbeitung*. Göttingen: Hogrefe.

Zemlin, U. & Herder, F. (1994). Ergebnisse der summativen und differentiellen Evaluation eine indikativen Behandlungsprogramms für Alkohol- und Medikamentenabhängige. *Praxis der Klinischen Verhaltensmedizin und Rehabilitation, 27*, 128-192.

9.3 Zitierte Literatur

Breitenbach, M. (1998). Alkohol – Zahlen und Fakten zum Konsum. In Deutsche Hauptstelle gegen die Suchtgefahren (Hrsg.), *Jahrbuch Sucht '99* (S.7-21). Geesthacht: Neuland.

Brünger, M., Löschmann, Ch. & Koch, U. (1997). Die stationäre Behandlung von Alkoholabhängigen in den Jahren 1983 bis 1993. *Sucht, 43*, 37-55.

Caetano, R. & Tam, T.W. (1995). Prevalence and correlates of DSM-IV and ICD-10 alcohol dependence. 1990 US national survey. *Alcohol and Alcoholism, 30*, 177-186.

Cloninger, C.R. (1981). Neurgenetic adaptive mechanisms in alcoholism. *Science, 236*, 410-416.

Dilling, H., Mombour, W. & Schmidt, M.H. (1993). *Internationale Klassifikation psychischer Störungen. ICD-10 Kapitel V (F). Klinisch-diagnostische Leitlinien* (2.Aufl.). Bern: Huber.

John, U., Hapke, U., Rumpf, H.J., Hill, A. & Dilling, H. (1996). *Prävalenz und Sekundärprävention von Alkoholmißbrauch und –abhängigkeit in der medizinischen Versorgung*. Baden-Baden: Nomos.

Kraus, L. & Bauernfeind, R. (1998). Repräsentativerhebung zum Gebrauch psychoaktiver Substanzen bei Erwachsenen in Deutschland 1997. *Sucht, 44* (1), 5-82.

Küfner, H. (1981). Systemwissenschaftlich orientierte Überlegungen zu einer integrativen Alkoholismustheorie. *Wiener Zeitschrift für Suchtforschung, 4,* 3-16.

Küfner, H. & Feuerlein, W. (1989). *In-patient-treatment for alcoholism. A multi-centre evaluation study.* Berlin: Springer.

Larimer, M.E., Marlatt, G.A., Baer, J.S., Quigley, L.A., Blume, A.W. & Hawkins, E.H. (1998). Harm reduction for alcohol problems: Expanding access to an acceptability of prevention and treatment services. In G.A. Marlatt (Ed.), *Harm reduction. Pragmatic strategies for managing high-risk behaviors* (p. 69-121). New York, Guilford.

Marlatt, G.A. (1985). Cognitive assessment and intervention procedures for relapse prevention. In G.A. Marlatt & J.R. Gordon (Eds.), *Relapse prevention* (p. 201-279). New York: Guilford Press.

Marlatt, G.A. (Ed.) (1998). *Harm reduction. Pragmatic Strategies for managing high-risk behaviors.* New York: Guilford.

Miller, W.R., Brown, J.M., Simpson, T.L., Handmaker, N.S., Bien, T.H., Luckie, L.F., Montgomery, H.A., Hester, R.K. & Tonigan, J.S. (1995). What works? A methodological analysis of the alcohol treatment outcome literatur. In R.K. Hester & W.R. Miller (Eds.), *Handbook of alcoholism treatment approaches. Effective alternatives (Vol. 2)* (p. 12-44). Boston: Allyn and Bacon.

Prochaska, J.O. & DiClemente, C.C.(1986). Towards a comprehensive model of change. In W.R. Miller & N. Heather (Eds.), *Treating addictive behaviors: Processes of change* (p. 3-27). New York: Plenum.

Project Match Research Group (1997). Matching alcoholism tratments to client heterogenety: Project Match posttreatment drinking outcomes. *Journal of Studies on Alcohol, 58,* 7-29

Project Match Research Group (1997a). Project Match secondary a priori Hypotheses. *Addiction, 92,* 1671-1698.

Saß, H., Wittchen, H.U. & Zaudig, M. (1998). *Diagnostisches und Statistisches Manual Psychischer Störungen (DSM-IV)* (2.Aufl.). Göttingen: Hogrefe.

Schindler, L., Hahlweg, K. & Revenstorf, D. (1998). *Partnerschaftsprobleme. Diagnose und Therapie. Handbuch für den Therapeuten* (2. Aufl.). Berlin: Springer.

Sobell, L.C. & Sobell, M.B. (1992). Timeline follow-back. A technique for assessing self-reported alcohol consumption. In R. Litten & Allen, J. (Eds.), *Measuring alcohol consumption* (p. 41-72). Humana Press.

Süß, H.M.(1995). Zur Wirksamkeit der Therapie bei Alkoholabhängigen: Ergebnisse einer Meta-Analyse. *Psychologische Rundschau, 46,* 248-266.

Vaillant, G.E. (1996). A long-term-follow up of male alcohol abuse. *Archives of General Psychiatry, 53,* 243-249.

Wetterling, T. (1997). Laborparameter als Sreening-Instrumente. In T. Wetterling & C. Veltrup, *Diagnostik und Therapie von Alkoholproblemen* (S. 11-16). Berlin: Springer.

Wetterling, T., Veltrup, C. & Jungshans, K. (1996). Mögliche Indikationen zur Behandlung mit „Anticraving"-Medikamenten. *Sucht, 42,* 323-330.

Wienberg, G. (Hrsg.) (1992). *Die vergessene Mehrheit – zur Realität der Versorgung alkohol- und medikamentenabhängiger Menschen.* Bonn: Psychiatrieverlag.

Wittchen, H.U., Essau, C.A., v. Zerssen, D., Krieg, J.C. & Zaudig, M. (1992). Lifetime and sixmonth prevalence of mental disorders in the Munich follow-up study. *European Archives of Psychiatry an Clinical Neuroscience, 241,* 247-258.

100

10 Anhang

Zeit	alkoholisches Getränk	Menge	Ort, Situation	Wirkung $0 \rightarrow +$ oder $- \rightarrow 0$
05 Uhr				
06 Uhr				
07 Uhr				
08 Uhr				
09 Uhr				
10 Uhr				
11 Uhr				
12 Uhr				
13 Uhr				
14 Uhr				
15 Uhr				
16 Uhr				
17 Uhr				
18 Uhr				
19 Uhr				
20 Uhr				
21 Uhr				
22 Uhr				
23 Uhr				
24 Uhr				
01 Uhr				
02 Uhr				
03 Uhr				

Tagesverlauf

Tragen Sie bitte zuerst ganz unten das heutige Datum und den heutigen Wochentag ein. Dann tragen Sie für jeden der letzten 28 Tage davor von unten nach oben in der Tabelle das jeweilige Datum und den Wochentag ein. Notieren Sie schließlich alle Ereignisse, an die Sie sich in diesen vier Wochen erinnern können. Markieren Sie nun auf der rechten Spalte alle Tage mit einem **X**, an denen Sie gar keinen Alkohol getrunken haben. Zuletzt vermerken Sie für jeden Tag, wieviel Alkohol Sie getrunken haben.

Datum	Wochentag	Ereignisse	Alkoholmenge

Die letzten vier Wochen

von .... bis ....

Zeit	Montag	Dienstag	Mittwoch	Donnerstag	Freitag	Samstag	Sonntag
05.00-07.00							
07.00-08.00							
08.00-09.00							
09.00-10.00							
10.00-11.00							
11.00-12.00							
12.00-13.00							
13.00-14.00							
14.00-15.00							
15.00-16.00							
17.00-18.00							
18.00-19.00							
19.00-20.00							
20.00-21.00							
21.00-22.00							
22.00-23.00							
23.00-24.00							
24.00-03.00							

Legende: V = Verlangen nach Alkohol   T = Tabak (Rauchen)   + = gute Stimmung   K = Konflikt / Auseinandersetzung
R = Rückfall   M = Medikamente   - = negative Stimmung   SV = soziale Verführungssituation

Tagebuch

103

Schwierigkeitsgrad	1	2	3	4	5	6
	max.					min.

Vor Durchführung der Situation Einschätzung durch Kreis kennzeichnen.   O

Nach Durchführung der Situation Einschätzung durch Kreuz kennzeichnen.   **x**

I.   **WO** und **WANN** führe ich die Situation durch?

II. Mit **WEM**?

III. **Handlung**   a) um **WAS** geht es?

                        b) **WIE** führe ich es aus?

IV. **WIE** verhält sich mein Partner?

V.   Auf **WELCHES** Verhalten muß ich **bei mir besonders achten**?

Ablehnungstraining

1. Versuchungssituation:

2. Bewältigung:

Einschätzung der Übungs-situation auf einer Skala von 1 - 6	Einschätzung	6 5 4 3 2 1

1 bedeutet: Ich kann mir die Übungssituation überhaupt nicht vorstellen.

6 bedeutet: Ich kann mir die Übungssituation klar und deutlich vorstellen.

1   2   3   4   5   6   7   8   9   10

Zahl der Übungsdurchgänge

Bewältigungstonband

Versuchung / Verlangen / Risiko

Zeit

Expositions-Übung

Ich bin mir bewußt, daß die Aufrechterhaltung meiner Abstinenz manchmal einige Anstrengung erfordert und hierbei die Hilfe von anderen Menschen äußerst nützlich sein kann. Diese Vereinbarung soll dazu beitragen, daß ich im Falle eines künftigen Rückfalls nicht in mein altes Trinkverhalten zurückfalle, sondern möglichst schnell wieder zur Abstinenz zurückfinde. Diese Vereinbarung enthält daher konkrete Schritte, die jeder der Beteiligten unternehmen wird, falls ich erneut Alkohol trinke.

Ich habe mit _____ **folgende Schritte für den Fall eines künftigen Rückfalls, und sei er noch so klein, vereinbart:**

Ich erkläre, daß ich im Falle eines künftigen Rückfalls:

1) die Rückfallsituation schnellstmöglich verlassen werde
2) mich sofort mit _____ beraten werde
3) mich notfalls einer körperlichen Entgiftung unterziehen werde
4) mich erneut der Rückfallsituation aussetzen werde, um sie diesmal abstinent durchzustehen

_____ **erklärt, daß sie/er im Falle eines künftigen Rückfalls durch mich**

1) mir hilft, die Rückfallsituation möglichst schnell zu verlassen
2) sich jeder Ursachenforschung über die Entstehung des Rückfalls enthält
3) mich gegebenenfalls bei der Einleitung einer Entgiftung unterstützt
4) mich ermutigt, mich erneut der Rückfallsituation auszusetzen, um sie diesmal abstinent durchzustehen

Unterschriften:

_____   _____

Notfall-Plan-Vertrag

Tests und Testmaterialien...

... sowie Nachbestellungen von Teilen dieser und anderer Tests ...

Münchner Alkoholismus-Test (MALT)
Bestellnummer 04 018 01   DM 64,–

Trierer Alkoholismusinventar (TAI)
Bestellnummer 01 028 01   DM 87,–

**Kurzfragebogen
für Alkoholgefährdete (KFA)**
Bestellnummer 04 085 01   DM 68,–

**Symptom-Checkliste
von Derogatis (SCL-90-R)**
Bestellnummer 04 216 01   DM 78,–

Beck-Depressions-Inventar (BDI)
Bestellnummer 03 056 01   DM 99,–

**Strukturiertes Klinisches Interview
für DSM-IV (SKID-I und SKID-II)**
Bestellnummer 01 229 03   DM 158,–

**Fragebogen zur
Partnerschaftsdiagnostik (FPD)**
Bestellnummer 01 153 01   DM 84,–

**Fragebogen zur Erfassung von
Aggressivitätsfaktoren (FAF)**
Bestellnummer 01 030 01   DM 89,–

... erhalten Sie auf schnellstem Wege von Ihrer Testzentrale:

Suchttherapie